语言文字应用探微

苏培成 著

商務印書館
创于1897 The Commercial Press
2019年·北京

图书在版编目(CIP)数据

语言文字应用探微/苏培成著.—北京:商务印书馆,2019
ISBN 978-7-100-17045-1

Ⅰ.①语… Ⅱ.①苏… Ⅲ.①汉语—语言学—文集 Ⅳ.①H1-53

中国版本图书馆 CIP 数据核字(2019)第 010705 号

语言文字应用探微
苏培成 著

商 务 印 书 馆 出 版
(北京王府井大街 36 号 邮政编码 100710)
商 务 印 书 馆 发 行
北京市艺辉印刷有限公司印刷
ISBN 978-7-100-17045-1

2019 年 3 月第 1 版 开本 880×1230 1/32
2019 年 3 月北京第 1 次印刷 印张 7⅞
定价:28.00 元

前　言

1935年我出生在天津市。距今60年前的暑期，我考入了北京大学中文系汉语言文学专业。入学两年后，被分配到语言专门化，接受语言文字学的专业学习和训练，语言文字学成为我终生的事业。那时候政治运动和劳动很多，占去了许多时间，专业的学习受到影响。1962年本科毕业后，分配到北京市教育局，先后在市属三所学校做教师。不论在顺境还是逆境，我都没有放弃我的专业。在做教师的同时，在客观允许的条件下，我在尽力坚持我的专业研究。“文革”结束后，工作条件有所改善。1988年初奉调返回北大中文系，才得以做一些研究工作。一转眼过去了40年，在这段时间内出版了22种单行本。由单篇文章编集成书的有《语言文字应用探索》《关注社会语文生活》《语言文字应用丛稿》《语言文字应用论集》4种。我的研究工作集中在语言文字学的4个分支，那就是：现代汉字学、语文现代化、汉语文辞书和标点符号。

收在这本小书内的49篇文章，是从我在2013年到2017年间写的文章里面筛选出来的。只有《国语罗马字和拉丁化新文字》一篇是更早的时候写的。在这五年间，我遭遇的最人不幸，就是我的老伴王立侠女士因患肝癌弃我而去。丧偶关和衰老关几乎把我压垮。在儿子的照顾下，在亲戚朋友的鼓励下，我重新安排生活，以书为伴度过晚年。我仍在读一点专业书，参加一点力所能及的学术活动，于是有了收在本书内的这些文章。本书的内容，除了我前面提到的多年来一直关注的4个分支外，对传统汉字学也有学习和初步的思考。传统汉字学当然十分重要，需要探讨的问题也很多，不过那是在短时间内无法得到许多成果的。

我十分感谢刊发我的文章的出版社和语文报刊编辑部的各位朋友，是他们精心加工减少了我的文章的差错。我也十分感谢花费宝贵时间阅读我的习作的亲爱的读者，希望他们多多指正。我热爱语言文字工作，只要一息尚存，我仍要尽我的残年余力。谢谢！

苏培成

2018年5月

目　录

汉字的性质……………………………………………………………… 1
汉语拼音化的反思 ……………………………………………………… 14
商榷二则 ………………………………………………………………… 30
《印刷通用汉字字形表》的成就与不足 ……………………………… 36
异体字的取舍和分化 …………………………………………………… 40
要注意区分繁体字和异体字 …………………………………………… 43
汉字里的指事号和记号 ………………………………………………… 46
假借例说 ………………………………………………………………… 50
由假借引起的汉字变化 ………………………………………………… 53
易学便用方传世 ………………………………………………………… 56

近百年来汉字的简化与规范 …………………………………………… 58
关于简繁汉字使用问题的思考 ………………………………………… 62
有些传承字就是古代的简体字 ………………………………………… 66
科学阐释汉字，打牢语言文字学基础…………………………………… 68
汉字的分化与合并 ……………………………………………………… 72
汉字简体和繁体的转换 ………………………………………………… 79
引申义的读法与写法 …………………………………………………… 83

人民币上的文字 …… 86
声音传递与汉字演变 …… 89
联系诗词的平仄谈汉字声调的变化 …… 91
“气”字的本义、引申义和假借义 …… 94
“去”字的本义和转义 …… 96
“望”字的演变 …… 98
由“膻”字的演变看汉字的形声化 …… 100
由“癌”的改读谈分化同音词的读音 …… 103
“烟”与“菸”“煙”是什么关系? …… 105
《诗经》里两个“行”字的读音 …… 108
“混天绫”的“混”读第四声 …… 112
标点琐议:分句内不能有句号 …… 114

信息化全球化时代的中国语文现代化 …… 117
语文改革与新启蒙运动 …… 127
规范使用国家通用语言文字 …… 132
字理和字理识字 …… 136
语文教学浅谈 …… 139

周有光先生一篇未曾发表过的文章 …… 145
周有光先生有关语文现代化的部分论述 …… 149
语文现代化研究的富矿
——试论周有光先生的四部学术著作 …… 154
周有光先生的治学之道
——写在《周有光文集》出版之际 …… 162

至深至纯师生情
——与周有光先生二三事…………………………166
正确认识《汉语拼音方案》的价值和意义…………170
关于汉语拼音字母名称的问答………………………175
区分音节界限三法……………………………………178
汉语拼音由国内标准发展为国际标准………………182
汉语拼音:中国语文生活发展的助推器
——纪念《汉语拼音方案》颁布60周年 ……………185
国语罗马字和拉丁化新文字…………………………194

《汉语大词典》修订建议………………………………222
规范·实用·简明
——评《汉字规范字典》……………………………226
《新华大字典》前言……………………………………231

40年来我的学术研究概述 …………………………235

附录
苏培成专著目录……………………………………239
苏培成编选论文集目录……………………………241

汉字的性质

一、汉字是语素文字

文字是记录语言的符号，这是一切文字的共性；各种文字自身又有不同的特点，构成文字的个性。汉字的性质指的是汉字区别于其他文字的本质特征。一种文字在构形上和应用上的主要特点都和这种文字的性质密切相关。汉字研究首先要认清汉字的性质。传统汉字学因为对汉字与其他文字的比较研究着力不多，对汉字的性质没有十分深入地探讨。进入20世纪，学者们才开始研究这个问题。由于对问题的着眼点及所用的资料等诸多不同，对汉字的性质认识至今尚未能取得一致。

我们认为汉字的单字记录的是汉语的语素，所以汉字是语素文字。这是近百年来国内外许多学者的研究成果。其中影响较大的有以下几家：

（一）索绪尔的表意文字说。瑞士语言学家德·索绪尔说："只有两种文字的体系：(1)表意体系。一个词只用一个符号表示，而这个符号却与词赖以构成的声音无关。这个符号和整个词发生关系，因此也就间接地和它所表达的观念发生关系。这种体系的古典例子就是汉字。(2)通常所说的'表音'体系。它的目的是要把词中一连串连续的声音模写出来。表音文字有时是音节的，有时是字母的，即以言语中不能再缩减的要素为基础的。”[1]索绪尔的这段话给了我们很多启示。他认为确定文字的性质要看文字符号记录的是什么样的语言单位。表意文字指的是一个词只用一个符号表示，表音文字是模写词中一连串连续的声音。这是两种不同性质的文字的本质区别。表意文字的这个符号和整个词发生关系，却与词赖以构成的声音无关。这种文字符号记录的是语言里的词，而不是脱离了词去表示观念。自然，表意文字并不是和观念毫无关系，因为“这个符号和整个词发生关系，因此也就间接地和它所表达的观念发生关系”。值得注意的是索绪尔说的“表意文字”与有些人说的“表意文字”含义不同。有些人说的表意文字是指文字直接表示概念，有人则是指因意构形。这些人所用的术语虽然和索绪尔相同，但是含义不同，二者不可混淆。不过表意文字这个术语很容易引起误解，于是有了布龙菲尔德的表词文字说。

（二）布龙菲尔德的表词文字说。美国语言学家列·布龙菲尔德发展了索绪尔的思想。他说：“从表面上看，词（words）显然是首先用符号表现在文字里的语言单位。用一个符号代表口语里的每个词，这样的文字体系就是所谓表意文字（ideographic writing），这是一个很容易引起误会的名称。文字的重要特点恰恰就是，字并不是代表实际世界的特征（“观念”），而是代表写字人的语言的特征；所以不如叫作表词文字或言词文字（word-writing 或 logographic writing）。”[2]布龙菲尔德和索绪尔的观点相同，只是感到“表意文字”这

① 索绪尔《普通语言学教程》（中译本）第50页，商务印书馆，1980年。

② 布龙菲尔德《语言论》（中译本）第360页，商务印书馆，1980年。

个名称容易被误会为文字直接表示观念,其实文字直接表示的是语言里的词。因此他认为最好把“表意文字”改为“表词文字”或“言词文字”。

(三)赵元任的词素文字说。语素(morpheme)理论产生以后,最早提出汉字是语素文字的是赵元任,不过他把 morpheme 叫作词素,而不叫作语素。赵元任说:“用文字来写语言,可以取语言里头各等不同尺寸的单位来写。”“在世界上通行的能写全部语言的文字当中,所用的单位最大的文字,不是写句、写短语的,是拿文字一个单位,写一个词素,例如我们单独写一个‘毒’的字形,来写‘毒’这个词素。如果一个词是几个词素复合成的复合词,那么就写几个词素,比方说,‘片儿汤’,这有三个词素;虽然只有两个音节,可是有三个词素。‘片儿’是‘片’加词尾‘儿’(词尾是有意义的,是代表小的);‘片’、‘儿’、‘汤’三个词素,我们写‘片儿汤’三个字,因为词素的定义,是最小有意义的单位。中国文字跟词素的配合大体上是这样子。”“以上是讲用一个文字单位写一个词素,中国文字是一个典型的最重要的例了。……他跟世界多数其他文字的不同,不是标义标音的不同,乃是所标的语言单位的尺寸不同。”[①]赵元任明确指出:“他(指汉字——引者注)跟世界多数其他文字的不同,不是标义标音的不同,乃是所标的语言单位的尺寸不同。”

(四)吕叔湘、朱德熙、李荣的语素文字说。吕叔湘对汉字是语素文字的理论做了明白透彻的阐述。他说:“世界上的文字,它的形式是多种多样的,但是按照一定的原则来分类,也就是按照文字代表语言的方式来分类,可以分成三类。一类是音素文字,一个字母代表一

① 赵元任《语言问题》第 141—144 页,商务印书馆,1980 年。

个音素(又叫做音位)。英语、法语等等所用的拉丁字母(罗马字母),俄语、保加利亚语所用的斯拉夫字母,都是音素文字。第二类是音节文字,一个字母代表一个音节,就是辅音和元音的结合体。日语的字母(假名)、阿拉伯语的字母,都属于这一类。音素文字和音节文字都是拼音文字,拼音文字的字母原则上都是没有意义的,有意义的是偶然的例外。第三类文字是语素文字,它的单位是字,不是字母,字是有意义的。汉字是这种文字的代表,也是唯一的代表。汉字以外的文字都只是形和音的结合,只有汉字是形、音、义三结合。"①

朱德熙赞同语素文字说。他说:"文字是记录语言的。就汉字跟它所要记录的对象汉语之间的关系来看,汉字代表的是汉语里的语素。例如[tàn kāu]的[kāu]、[kāu iào]的[kāu]和[t'iàu kāu]的[kāu]读音相同,意思不一样,是三个不同的语素,分别由三个不同的汉字'糕、膏、高'(蛋糕、膏药、跳高)来表示。从这个角度看,汉字可以说是一种语素文字。"②

李荣也持语素文字说。他在《汉字的演变与汉字的将来》一文中说:"英文是音素文字。假名是音节文字。汉字是语素文字(logogram)。"③李荣还认为:"汉字是语素文字(logogram),有形有音有义。"④

因为汉字是语素文字,所以汉字的许多特点都和这种文字的性质密切相关。例如汉字字数繁多,结构复杂。现代汉语的语素至少

---

① 吕叔湘《语文近著》第142页,上海教育出版社,1987年。

② 朱德熙《汉语》,《中国大百科全书·语言文字卷》第130页,中国大百科全书出版社,1988年。

③ 李荣《汉字的演变与汉字的将来》,《中国语文》,1986年第5期。

④ 李荣《文字问题》第46页,商务印书馆,1987年。

要有六七千个，作为语素文字的汉字一般来说也要有六七千个才够应用。语素文字的字数一定大大多于音节文字或音素文字字母的数目。要为六七千个汉字造出不同的形体，结构必然复杂。又如，拼音文字只有形和音，汉字除了形、音外，还有义。因为汉字有义，它可以区分同音字，如朱德熙说的“糕、膏、高”是三个不同的语素。因为有义，汉字可以有一定的超时空性，可以纵贯古今，横通方言。现代人不懂汉字的古音，但先秦的古书一般人还能部分看懂。现代讲不同汉语方言的人，口语不便交谈，但可以笔谈。

二、质疑两个层次符号的理论

裘锡圭不赞成汉字是语素文字的说法，这是他把汉字的单字和英文的单词相比得出的看法。裘锡圭说：“有的人是因为看到汉字里一个字通常代表一个语素，称汉字为语素文字的。像这样撇开字符的性质，仅仅根据文字书写的基本单位所代表的语言成分的性质，来给文字体系定名，也是不妥当的（这里所说的文字书写的基本单位，就是一般所说的字。汉字的笔画可以称为用笔的基本单位）。英文是以词为书写的基本单位的，大家不是并没有把它看作表词文字，而是把它看作音素文字的吗？”[①]为什么是不妥当的呢？裘先生说是因为“语言有语音和语义两个方面，作为语言的符号的文字，也必然既有音又有义。就这一点来说，各种成熟的文字体系之间并没有区别”。[②]

① 裘锡圭《文字学概要》第16页，商务印书馆，2013年。

② 同①，第10页。

为了讨论裘先生这个观点，首先要弄清“作为语言的符号的文字，也必然既有音又有义”这句话里的“文字”指的是什么。它不是指书面语，因为说书面语既有音又有义没有意义，等于不说；看来只能是指具体的文字符号，也就是文字的个体。那么既有音又有义的文字符号，指的又是什么呢？汉字的单字有形有音有义，这没有疑问；而和汉字相对应的、在拼音文字中有形有音有义的文字单位显然是单词而不是字母。为研究文字的性质而进行比较，把汉字的单字和拼音文字的单词用来对比并不妥当。单字是汉字的基本单位，而单词并不是英文的基本单位，两者缺乏同一性。这里要弄清文字基本单位这个概念。它指的是文字体系中能和语言成分相对应的最小的单位。王伯熙把它叫作文字的“独立符号”。他说：“所谓‘独立符号’，是指在记录一定的语言单位时不能再分析的符号。如记录词的方块汉字‘明’就是一个独立符号，它不能再分析了；若再分析成‘日’‘月’，音、义全变，所记录的就不是原来的语言单位了。”“英文中的 b 是记录音素的独立符号。”[①]汉字的单字是形音义的统一体，记录的是汉语的语素；英文的字母只有形和音，没有义，记录的是英语里的音素。这样的对比就可以看出两种不同文字体系的本质区别。裘先生是把词作为英文基本单位，得出结论是不能“仅仅根据文字书写的基本单位所代表的语言成分来确定文字体系的性质”。[②] 他认为“只有根据各种文字体系的字符的特点，才能把它们区分为不同的类型”[③]，于是他提出了两个层次符号的理论。裘锡圭说：“文字是语言的符号。作为语言的符号的文字，跟文字本身所使用的符号是不同

① 王伯熙《文字的分类和汉字的性质》，《中国语文》，1984 年第 2 期。

② 裘锡圭《文字学概要》第 16 页，商务印书馆，2013 年。

③ 同②，第 10 页。

层次上的东西。例如汉字'花'是汉语里花草之{花}这个词的符号，'艹'(草字头,原作'艸',即古草字)和'化'则是'花'这个字所使用的符号('花'是一个形声字,'艹'是形旁,'化'是声旁)。"[①]这个理论对研究汉字来说,不是新理论,《说文》对汉字的分析就是这样的。例如《说文》:"芹,从艸斤声。"汉字"芹"是汉语"芹"的符号,"从艸斤声"是构成汉字"芹"的符号。这样说没有问题。问题在于裘锡圭把这个理论扩大到指其他文字。其实这个理论只适用于汉字一类的语素文字,不适用于英文一类的拼音文字。理由有两点:第一,字母是英文的基本单位,本身没有内部结构,不能区分为几个字符;而汉字这个基本单位,是由字符构成的,字符可以区分为意符、音符和记号。裘锡圭说过:"凡是独立形成的文字体系,都是像古汉字、圣书字、楔形文字那样兼用意符和音符的文字。单纯使用音符的拼音文字,最初是在这种文字的影响下形成的。"[②]这明明白白承认英文只有音符。第二,汉字的音符是表音的,而英文的字母是拼音的,二者根本不具有同一性。裘先生因为选错了比较的对象,于是否定了语素文字说,可又无法建立新的理论,使汉字性质的研究走进了死胡同。

另外,裘锡圭关于三类字符的定义也有不妥的地方。裘锡圭说:"跟文字所代表的词在意义上有联系的字符是意符,在语音上有联系的是音符,在语音和意义上都没有联系的是记号。"因为字符是构成单字的组成成分,不能和词直接发生联系,所以上述定义明显地躐等。我在早几年就改为:"和整字在意义上有联系的字符是意符,和整字在读音上有联系的是音符,和整字在意义和读音上都没有联系

① 裘锡圭《文字学概要》第9页,商务印书馆,2013年。
② 同①,第8页。

的是记号。”①

三、汉字是意音文字

周有光在《文字演进的一般规律》里说：“用文字表达语言，有三种基本的表达方法，就是表形、表意和表音。”“三种表达方法并不就等于文字发展的三个阶段。文字发展史的分期应当以客观存在的文字体系的整个状况为根据，不应当以其中的部分状况为根据。”“综合运用表意兼表音两种表达方法的文字，可以称为‘意音文字’（ideo-phonograph）。汉字就是意音文字之一种。”“从甲骨文到现代汉字，文字的组织原则是相同的，也就是说，我们的文字在有记录的三千多年中间始终是意音制度的文字。古今的不同只是在形声字的数量和符号体式的变化上。”②为了找寻汉字在人类文字史上的地位，周有光发表了《文字类型学初探》，提出了文字三相分类法。③ 其后，在《比较文字学初探》这部著作中，他又一次讲到了文字三相分类法。周有光说：“观察文字，可以从三个不同角度着眼：1. 符形角度、2. 语音角度和 3. 表达法角度。三个角度观察到文字的三个侧面，称为文字的‘三相’（three phases）。”“1. 符位相：从符形角度观察文字，要用视觉来鉴别。文字符号就其外形来看主要分为：(1)图符；(2)字符；(3)字母。”“2. 语段相：从语音角度观察文字，要用听觉来测量。一连串讲出来的语言可以分为许多语音段落，叫做‘语段’。长语段分为：(1)篇章，(2)章节，(3)语句；短语段分为：(1)语词，(2)音节，(3)音素

---

① 苏培成《现代汉字学纲要》（第三版）第 102 页，商务印书馆，2014 年。
② 周有光《文字演进的一般规律》，《中国语文》，1957 年第 7 期。
③ 周有光《文字类型学初探》，《民族语文》，1987 年第 6 期。

(音位)。”“3.表达相:用文字符号表达语言,有不同的表达法。按照符号的‘表达功能’,不考虑符号的‘起源’,可以把表达法分为:(1)表形法,(2)表意法,(3)表音法。”“任何一种文字都有‘三相’。‘三相’的综合聚焦,就是这种文字的类型。”①根据文字的三相分类法,汉字属于意音文字:“字符+语词”和“音节+意音”。

就对汉字性质的认定说,三相分类法里的语段相和语素文字说里的语素相当。老一辈语言学家所说的“语词”相当于我们现在说的“词”。汉语语素以单音节为主,如“人、走、大”,但也有多音节的,如“琵琶、踯躅、吩咐、多米诺”。记录多音节语素的单个汉字没有意义,记录的只是音节。三相分类法里的符位相和表达相,在语素文字说里是隐含着的,并不是被排斥的。因此,三相分类法和语素文字说可以互相补充,相辅相成。朱德熙说:“从汉字跟汉语的关系看,汉字是一种语素文字。从汉字本身的构造看,汉字是由表意、表音的偏旁(形旁、声旁)和既不表意也不表音的记号组成的文字体系。”②如果我们进一步要问:语素文字说和意音义字说,这两个埋论是并列的呢,还是有主有从的呢?我们认为有主有从,语素文字说为主,意音文字说为从。这是因为从根本上说文字是记录语言的符号。因为汉字是语素文字,所以字数不能太少。要让成千上万的汉字在形体上都有区别,构成方式不得不复杂。更为重要的是汉字的字形和它所记录的语素最好要有明显的联系,也就是要有一定的理据,单一的字符是做不到的,所以要用三种字符。总之,如果要用一句话来回答什么是汉字的性质,应该是汉字是语素文字。因为周有光要为世界各

---

① 周有光《比较文字学初探》第32—35页,语文出版社,1998年。

② 朱德熙《汉语》,《中国大百科全书·语言文字卷》第130页,中国大百科全书出版社,1988年。

种文字确定性质，并从中归纳世界文字发展的共同规律，所以他采用了三个不同的角度。而在这三个方面，他特别突出的是表达相。这是因为从西方传来的文字发展的三阶段论主要谈的是表达法的发展。周有光指出："形意文字学、意音文字学和字母文字学，三者分别研究人类文字史的三个发展阶段。"[①]按照这个理论，汉字属于意音文字，最终是要发展为字母文字的。近年来，国内有的学者早就对这个理论提出了质疑，给我们许多启发。

四、文字不能脱离语言直接表示概念

在汉字性质的研讨中，有一种较为流行的错误观点值得提出来，引起人们的注意。那就是认为汉字可以抛开语言直接表示概念。下面举出四个例证稍加分析。

（一）英国语言学家帕默尔说："在中国，一如在埃及，文字不过是一种程式化了的、简化了的图画的系统。就是说，视觉符号直接表示概念，而不是通过口头的词再去表达概念。这就意味着，书面语言是独立于口头语言的各种变化之外的。它意味着，一个学生学会了4000个左右的视觉符号（据说足够日常应用了）之后，四千年的文献就立刻展现在他面前了。对于他不存在学习中古汉语和上古汉语的负担。"[②]（中文译者注："这里的'中古汉语'和'上古汉语'指古代字音，即古音。"）帕默尔的错误是把文字混同于图画，从而也就取消了文字。他说的可以"独立于口头语言的各种变化之外"的书面语言实

① 周有光《比较文字学初探》第10页，语文出版社，1998年。

② L.R.帕默尔《语言学概论》（中译本）第99页，商务印书馆，1983年。

际是图画。图画可以表意，但是不能记录语言，图画不是文字。图画所能表示的意思是有限的，很多抽象的意思无法表示，虚词无法表示，单靠图画来记录语言是做不到的。对同一幅图画的理解，个人可以有所不同，所以图画不能准确地达意，不能成为交际工具。正因为图画不能满足人类记录语言的需要，才在图画的基础上发展出了文字。赵元任说："凡是视觉的符号，用来代表语言的就是文字。反之直接画事物，只是画儿，直接做事物的符号，是一般的符号，还不是文字。同样的那个画儿，同样的意义，有人看了那个骷髅跟两根骨头，说'毒药'；有人看了说'有毒'；有人看了说'危险'；有人看了说'poison'。同样一个牌子，中国人看了说：'禁止左转'；英、美人看了说：'no left turn'。因为那些符号是直接代表意义的，可是他不代表语言。那么，直接代表意义的符号当然是自古有之啦，现在也还用得很多，可是那个不是文字。"①

（二）在国内有人宣传和帕默尔相似的观点，而且把这种观点作为汉字优越性的表现。袁晓园说："字形表义本来就存在着两条渠道：一种是以字形直接表义，不以语言为介；一种是以字形先表语音，从而再表语义。""由于语言的特点不同以及其他各种原因，各民族文字运用字形表义的情况就不同了。大致可以分为两个类型：一个是重于以形表义，一个是重于以形表音而后再表义。""实事求是的分析，汉字保持和发展了字形固有的表义方式之一——以形直接表义，从文字学上看，是一个伟大的贡献。"②这种说法完全不符合语言文字学的基本理论，也不符合汉语汉字的事实。语言作为人类最重要

① 赵元任《语言问题》第140页，商务印书馆，1980年。

② 袁晓园《汉字的优缺点与语言文字理论的发展》，《汉字问题学术讨论会论文集》第272—273页，语文出版社，1988年。

的交际工具，从来都是音义结合体，而脱离语音的赤裸裸的概念是不存在的，“以字形直接表义”的文字是根本不存在的。随便给你一个不认识的汉字，你能说出它的意义来吗？不要说去古已远的楷书，就是保留图画意味较多的古文字也办不到。古文字里占有很高比例的假借字，怎么以形表义？甲骨文自清末发现以来，经过了一百多年的研究，至今还有三分之二的字不认识。如果能够直接表义，还有什么不认识的呢？有人说直接表义的汉字比拼音文字高明得多，最有前途，是21世纪里发挥威力的文字。这是一厢情愿的妄想，没有事实根据。思维离不开语言。思维必须在语言材料的基础上进行。一个正常的人，不论在什么情况下，都不可能脱离语言材料进行思维。一个人进行思维，总要运用一种语言。不能认为，人们可以在头脑中形成赤裸裸的思想，只是在把这种思想表达出来的时候才用得上语言材料。谁能离开语言的外壳进行赤裸裸的思维呢？谁也做不到。

（三）有人说：“一种文字，越是能摆脱语言的局限与羁绊，直接与思维沟通，它就越能发挥文字的历时性与共时性的社会效应，从社会功能上说它也越成熟越先进。而汉字就是当今世界上独一无二的这样一种文字。”[①]这是信口开河，根本不值一驳。世界上就不存在“摆脱语言的局限与羁绊”的文字；说汉字“能摆脱语言的局限与羁绊，直接与思维沟通”，是对汉字的歪曲，是把汉字贬低为文字产生前的图画，进而否定汉字。这只能造成认识的混乱，无助于对汉字的科学认识。

（四）有人说：“口头语言有两个要素——音和义，记录语言的文字，只能从中选择一个要素来作为构形的依据；所以，文字形体直接

① 毕可生《汉字的社会学研究》，《汉字文字》，1993年第2期。

显示的信息只能或是语义，或是语音。世界文字体系的两分法，也正是按照文字构形的依据来确定的。”[①]王伯熙有一段话批评了这种说法。王伯熙说：“和‘表音文字’并称的‘表意文字’，是不妥当的说法。因为表音文字所记写的音节、音素，是脱离了意义的、独立的纯语音；而所谓‘表意文字’所记录的并非脱离了语音的、独立的纯语义，它所记写的永远是黏着语音的语义。”[②]从语言结构的层级体系说，下层是不附着语义的语音层，而上层是音义结合的语言符号层。就这个意义说，有不附着语义的语音，但是没有不附着语音的语义。这种说法的根本毛病，在于违背客观存在语言结构。

（《中国文字》，2017 年第 2 期）

① 王宁《汉字构型学讲座》第 2 页，上海教育出版社，2002 年。
② 王伯熙《文字的分类和汉字的性质》，《中国语文》，1984 年第 2 期。

汉语拼音化的反思

汉语拼音化与汉字拼音化是两个不同的概念。文字是记录语言的符号系统。汉语拼音化着眼于文字和语言的关系，研究不同性质的文字记录同一语言的差异与得失。汉字拼音化把语言抛在一边，只研究文字符号的发展与交替。本文采用汉语拼音化的提法。汉语拼音化在民国时期和新中国建立初期叫文字改革，1986 年以后，逐渐改为语文现代化。

一、汉字为中华民族的生存和发展做出了重要贡献

《说文解字·序》说："盖文字者经艺之本，王政之始，前人所以垂后，后人所以识古。"《康熙字典·序》说："《易传》曰：'上古结绳而治，后世圣人易之以书契。百官以治，万民以察。'《周官·外史》'掌达书名于四方'，《保氏》'养国子教以六书'，而考文列于三重。盖以其为万事百物之统纪，而足以助流政教也。"这表明古人已经认识到汉字在社会生活中的重要意义。汉字是汉族祖先创造的自源文字，从甲骨文算起已经走过了三千四百多年，它的实际寿命自然还要长得多。作为交际工具，汉字记载了中华古国的文明史，传承了丰富灿烂的民族文化。我国自古以来就有复杂的方言分歧，汉字具有超方言性，成

为方言间沟通的工具。汉字具有调节功能，为了满足社会发展和社会交际的需要，在保持基本稳定的前提下，在稳步发展。

在古代没有出现贬低或废除汉字的思潮。不论是汉唐盛世还是南北朝分裂割据的局面，我们的先人都没有把国家的兴衰和汉字的功过联系在一起。在古代汉字不止一次与拼音文字发生接触。南北朝时期流行过梵文和鲜卑语。在唐代的敦煌文书中，我们可以看到许多外族文字，如吐蕃、回纥、吐火罗等文字。元代蒙古族和清代的满族建立了统治全国的政权，都有自己的拼音文字。在这种语言环境下，没有出现废除汉字改用拼音文字的主张。相反，从很早时候开始，汉字就传播到周边的民族，形成了广大的汉字文化圈。明代方以智曾经提出汉字不如拼音文字的看法。他说："字之纷也，即缘通与借耳；若事属一字，字各一义，如远西因事乃合音，因音而成字，不重不共，不尤愈乎。"①但是这种看法没有产生什么影响。

二、文字改革的提出和发展，成为强有力的时代思潮

（一）甲午战争中国战败，大门被西方列强的坚甲利兵打破。西方传教士以通商口岸为中心，传播《圣经》。面对不识字的民众，他们设计了方言罗马字用来翻译《圣经》教民众阅读，很快形成了有一定规模的教会罗马字运动。19世纪末到20世纪初，至少有17种方言罗马字在传习。据统计，1891年至1904年，罗马字《圣经》的总销售

① 周有光《汉字改革概论》第25页，文字改革出版社，1961年。

数达 137870 部。[①] 传教士在倡导教会罗马字的同时,开展了对汉字体系的批判。他们认为:“目前那繁难的书写方法,必须彻底让位给那更实用,更少图形化,用罗马字母来代替的拼音制度。”“罗马字在横的方面看来可使思想的传达迅速。中国语言中繁难的方块字是二十世纪最有趣的时代错误。”“中国现行的文字对于中国青年彻底的科学化教育,是一种最有力的障碍。”[②]这是殖民主义者的汉字观。

(二)继鸦片战争之后,甲午海战和八国联军,中国一步步沦为半殖民地,面临被瓜分的危机。西方文化蜂拥入中国,是时出现了“全盘西化”的主张。“海禁既开,所谓‘西学’者逐渐输入,始则工艺,次则政治。学者若生息于漆室之中,不知室外更何所有,忽穴一牖外窥,则粲然者皆昔所未睹也,还顾室中,则皆沉黑积秽。于是对外求索之欲日炽,对内厌弃之情日烈。”[③]文字改革思潮随之兴起。爱国人士寻找中国积贫积弱的根源,着眼于把中国和西方列强进行对比。他们认为中国贫弱在于教育落后,而教育落后又源于汉字落后,于是要立志改革汉字,主张废汉字改用拼音文字。

时代思潮云谲波诡,在清末出现了文字改革的切音字运动。1892 年福建同安人卢戆章用他自己设计的字母出版了厦门方言的拼音课本《一目了然初阶》(切音新字厦腔),开始了晚清的切音字运动。从《一目了然初阶》的出版到辛亥革命发生的二十年当中,提出的切音字方案有 28 种,每年平均一种以上。切音字运动提倡者的基本观点是富强由文字,认为汉字的繁难造成了中国的贫穷与落后。卢戆章说:“中国字或者是当今普天之下之字之至难者。”他们主张用

① 倪海曙《中国拼音文字运动史》第 18 页,河南人民出版社,2016 年。

② 倪海曙《中国拼音文字运动史》第 17—18 页,河南人民出版社,2016 年。

③ 梁启超《清代学术概论》第 72 页,上海古籍出版社,1998 年。

拼音字代替汉字。劳乃宣说:“是故今日欲救中国,非教育普及不可;欲教育普及,非有易识之字不可;欲为易识之字,非用拼音之法不可。”切音字的倡导者提倡拼音文字,但并不主张废除汉字。劳乃宣说:“中国六书之旨,广大精微,万古不能磨灭。简字仅足为粗浅之用,其精深之义,仍非用汉文不可。”[①]民国政府成立后,并没有采取切音字运动的主张,推行切音新字,而是在1913年召开读音统一会,审定国音,制订了注音字母,准备推行国语。

(三)在“五四”新文化运动中,文字改革的思潮得到进一步扩展和强化。这时从西方传来了文字演变的三阶段论,就是从表形到表意到表音。这个理论成为把汉字改为拼音文字武器。傅斯年在《汉语改用拼音文字的初步谈》中说:“中国文字的起源是极野蛮,形状是极奇异,认识是极不便,应用是极不经济,真是又笨、又粗,牛鬼蛇神的文字,真是天下第一不方便的器具。”钱玄同在《中国今后之文字问题》中说:“欲废孔学,不可不先废汉文;欲驱除一般人之幼稚的野蛮的顽固的思想,尤不可不先废汉文。”1923年,也就是注音字母公布后的第五年,《国语月刊》出版“汉字改革号”。汉字革命和采用罗马字母的呼声达到了高潮。在“汉字改革号”上,钱玄同发表的《汉字革命》成为讨伐汉字的檄文。他断言:“汉字革命,改用拼音,是绝对的可能的事。”“汉字的罪恶,如难识、难写,妨碍于教育的普及、知识的传播:这是有新思想的人们都知道的。……处处都足以证明这位‘老寿星’的不合时宜,过不惯二十世纪科学昌明时代的新生活。”钱玄同还从六书的演变里总结出汉字发展的规律。他说:“照这六书发生的

① 劳乃宣《进呈〈简字谱录〉折》,《清末文字改革文集》第81页,文字改革出版社,1958年。

次序看，可知汉字是由象形而表意，由表意而表音；到了纯粹表音的假借方法发生，离开拼音，只差一间了。”这些偏激的言论无法得出合乎实际的结论。

在这种思潮的影响下，国语统一筹备会组织国语罗马字拼音研究委员会，拟订出“国语罗马字拼音法式”（简称“国罗”），可是教育部不肯公布。一直拖延到1928年9月26日，才由教育部（当时称大学院）公布。当初拟订的是拼音文字，而公布时却改为“国音字母第二式”，行政当局采取的是审慎的做法。

1931年在苏联政府支持下在海参崴举行了第一次新文字大会，会议通过了北方话拉丁化新文字方案（简称“北拉”）。这个方案不标声调，不拼共同语，只拼方言。理论上有缺陷，但学习比较容易。1933年传入中国，被裹进政治斗争的旋涡。在国民党统治区遭到禁止，在共产党领导的边区得到支持。陕甘宁边区政府决定，从1941年1月1日起，新文字跟汉字有同样的法律地位。新中国建立后，中央决定研制新的汉语拼音方案，北拉停止推行。

（四）就在国内汉字革命和采用罗马字母的呼声达到了高潮的时候，从国外传来了不同的声音。1923年牛津大学出版社出版了瑞典汉学家高本汉（Bernhad Kalgren）著的《中国人与中国文》。高本汉在这本书里说：“中国人果真不愿意废弃这种特别的文字，以采用西洋的字母，那绝不是由于笨拙顽固的保守主义所致。中国的文字和中国语言的情形，非常适合，所以它是必不可少的。中国人一旦把这种文字废弃了，就是把中国文化实质的基础降服于他人了。”[①]在这段话里，他提出了不赞成汉语拼音化的两点理由：一点是中国的文字

① 高本汉著、张世禄译《中国人与中国文》第50页，商务印书馆，1931年。

和中国的语言非常适合，另一点是改用拼音字母就把中国文化的基础废弃了。

三、对清末至民国时期提出的文字改革理由的辨析

这个时期提出的文字改革的理由可以归纳为以下五点，下面略加评析：

（一）汉字难学。汉字字数很多，结构复杂，没有完备的表音系统；而拼音文字只有几十个字母，字母结构简单，拼音比较规则，见字可以知音。从这几点看来，汉字比拼音字难学，可是我们不能仅根据这几点就认为要把汉字改为拼音字。因为汉字还有许多优点，所以必须全面地研究综合考虑，才能决定是不是要把汉字改为拼音字。

（二）富强由文字。这个说法不能成立。国家的贫富或强弱，是由社会制度、生产力的发展水平、教育制度、历史情况等因素决定的，不是由文字的状况决定的。当今世界上，使用拼音文字的国家并不都是富强，有些也很贫弱。旧中国积贫积弱，新中国改革开放以来得到了很快的发展。而新旧中国使用的都是汉字，可见国家的强弱与使用什么样的文字没有直接的关系。

（三）汉字是统治阶级压迫劳苦群众的工具。这是苏联马尔学派的错误观点。在阶级社会，统治阶级用上层建筑作为压迫劳苦群众的工具，但文字不是上层建筑，不是压迫劳苦群众的工具。汉字和拼音字都是全民的交际工具，没有阶级性。它们既可以传播正确的思想，也可以传播不正确的思想。使用哪种文字与文字传播什么思想并不相关。

（四）汉字不能适应科学技术的发展。使用拼音文字的国家，有的科技发展，有的科技不发展。旧中国科技不发展，新中国科技有了很大的发展。特别是改革开放以后，科技发展的速度和质量位居世界前列。1980 年，中国是世界上贫穷的国家之一，经过近 40 年的改革开放，国内生产总值已经超过 10.8 万亿美元。成为世界第二大经济体。新旧中国使用的都是汉字。

（五）由象形而表意而表音，是文字发展的普遍规律。我们认为，世界文字的发展不存在这样一条共同规律。汉字和拼音字属于不同的文字体制，难分高下，互不隶属，汉字不会发展为表音文字。对这个问题，下一节里还要做些讨论。

四、新中国建立后文字改革方针的确立和调整

（一）“五四”以来的文字改革思潮，在新中国建立之后仍有很大的影响。1951 年毛泽东主席指示我们：“文字必须改革，要走世界文字共同的拼音方向。”毛主席又指示我们，汉字的拼音化需要做许多准备工作；在实行拼音化以前，必须简化汉字，以利目前的应用，同时积极进行各项准备。[①] 这是新中国为汉语拼音化确立的方针。1958 年周恩来总理在《当前文字改革的任务》的报告中提出当前文字改革的三项任务，就是简化汉字、推广普通话、制订并推行《汉语拼音方案》。根据上述报告就形成了新中国文字改革的两步走的方案，第一步的任务是实现当前文字改革的三项任务，第二步实现汉字拼音化，

① 吴玉章《文字必须在一定条件下加以改革》，全国文字改革会议秘书处编印《全国文字改革会议文件汇编》第 14 页。

改用拼音文字。

(二)这个时期也出现了对文字改革的不同声音。在这种复杂的环境下,有的学者根据自己的研究对汉语拼音化提出了质疑。在这里我们介绍唐兰和陈梦家的意见。

早在 1949 年之初,唐兰在《中国文字学》里就指出:"中国文字果真能摒弃了行用过几千年的形声文字而变为直截了当的拼音文字吗?一个民族的文字,应当和它的语言相适应,近代中国语言虽则渐渐是多音节的,究竟还是最简短的单音节双音节为主体,同音的语言又特别地多,声调的变化又如此地重要,在通俗作品里含糊些,也许还不要紧,用拼音文字所传达不出来的意思,只要读者多思索一会,或者简直马虎过去就完了。但是要写历史,要传播艰深的思想,高度的文化,我们立刻会觉得拼音文字是怎样的不适于我们的语言。"① 唐兰在这之后发表的文章里说:"文字改革的主要目的是使文字易于学习,但改革文字必须注意到中国具体环境。中国语言同音字众多,改用纯粹的拼音文字是不可能的。考虑到汉字是承载着过去的历史文化,完全废除汉字更是行不通的。"②

陈梦家在 1953 年至 1954 年著的《殷虚卜辞综述》里说:"中国文字(汉字)发源于图象,逐渐地经过简化和人意的改作成为定形的简省的概略的象形,作为记录语言的符号。它是在汉语的基础上成长而发展的。汉语是单音缀的、孤立的、分析的。作为汉字是一字一音缀的,同一个汉字在不同的句子中可以用作不同的词类,一个字在一个句子中只表示一个单纯的意义。汉语决定了汉字,也决定了汉语

① 唐兰《中国文字学》第 112 页,上海古籍出版社,1979 年新 1 版。

② 唐兰《中国文字改革的基本问题和推进文盲教育儿童教育两问题的联系》,《人民日报》,1949 年 10 月 9 日。

法，即语序在句子中的重要作用。汉语也决定了中国文字长期停留在象形的形符系统上而没有走上音符文字的路。”①

（三）在党的十一届三中全会解放思想、实事求是精神的指引下，中国进入改革开放新时期。社会思潮发生了大的改变，人们对文字改革的认识也发生了变化。1979 年 5 月，倪海曙在部分高等院校文改教材协作会议第二次会议上的发言里说："过去说，文字不改革，不能扫盲，不能普及教育，好像文字改革与扫盲和普及教育之间有个必然的关系。现在又说文字不改革，不能实现现代化，也肯定了文字改革与现代化之间有个必然的关系。但是这样说，是不是太笼统了？是不是缺乏分析？人家可以反驳你：使用拼音文字的国家，文盲也很多，例如拉丁美洲国家。实行了文字改革的国家，文盲也并不少，例如土耳其。可见这是社会制度和教育制度的问题，与文字改革不一定有必然的关系，有关系的是效率的高低问题，而不是能不能的问题。与四个现代化的关系也一样。有些国家，文字没有改革，例如日本、南朝鲜（韩国——引者注），也现代化了。而有些实行了文字改革的国家，例如蒙古、印尼、越南等，却还没有现代化。文字改革与实行现代化的关系，恐怕也是效率上的多快好省和少慢差费的问题，而不是能不能的问题。""片面地说汉字坏，人家不服气的；片面地说拼音文字好，人家也不服气的。汉字有它的优点，拼音文字也有它的缺点。一定要全面地来看，有分析、有比较地来说，才符合实际。"②倪海曙的意见难能可贵，提高了人们的认识。至于倪先生说的文字改革可以提高效率，似亦可商。

① 陈梦家《殷虚卜辞综述》第 644 页，中华书局，1988 年。

② 倪海曙《加强文字改革工作的科学性》，《倪海曙语文论集》第 114—115 页，上海教育出版社，1991 年。

（四）在这种形势下，国家对文字改革方针做了调整。1986 年 1 月 6 日至 13 日，国家教委和国家语委召开了全国语言文字工作会议。会议传达并贯彻中央提出的新时期语言文字工作的方针是：贯彻、执行国家关于语言文字工作的政策和法令，促进语言文字规范化、标准化，继续推动文字改革工作，使语言文字在社会主义现代化建设中更好地发挥作用。关于汉字的前途，会议重申周恩来 1958 年在《当前文字改革的任务》里的观点。“我们认为，周总理的这段话今天仍然具有指导意义。汉字的前途到底如何，我们能不能实现汉语拼音文字，什么时候实现，怎样实现，那是将来的事情，不属于当前文字改革的任务，现在有不同的意见，可以讨论，并且进行更多的科学研究，但是仍然不宜匆忙作出结论。”

会议没有重申汉字“走世界文字共同的拼音方向”。对此胡乔木在闭幕式上的讲话里做了解释。他说：“有些同志可能会想到或者感觉到，在这次会议上有些东西没有能够得到肯定，甚至于还好像失掉了什么东西。作为一个长期从事语言文字工作和文字改革的工作者，我可以真诚地向大家说明：我们没有失掉任何东西，相反地得到了很多东西。”“我们希望参加这次会议的许多老同志、老前辈在这个问题上不要有任何遗憾。我们应该认识到，这次会议并没有妨碍我们的研究工作和各种实验工作的继续进行，也不影响各方面实际工作的开展。相反，它是要求我们加强研究工作、实验工作和在人民群众里进行更多的宣传、推广、实践工作的。”①我们认为 1986 年对语言文字工作方针的调整是必要的和正确的，适应了改革开放的新形

① 胡乔木《在全国语言文字工作会议闭幕式上的讲话》，《胡乔木谈语言文字》（修订本）第 323—324 页，人民出版社，2015 年。

势,符合党的十一届三中全会的精神。

五、对汉语拼音化的新思考

(一)1986年12月,语言文字应用研究所召开了汉字问题学术研讨会,参加会议的学者谈了新的认识。陈原说:"汉字这种书写系统是同汉语这种语言系统相适应而生存和发展的。""近年来对汉字的研究,应当说是有进展的,甚至可以说有很大进展。""首先,汉字的定量分析得到许多令人鼓舞的数据。""其次,对汉字的研究分析已越出了传统文字学范畴,很多学科对汉字的研究作出了新的贡献。""第三,从适应实际应用的需要,对汉字规范化和汉字习得学打开了新的天地。"陈原提出"汉字这种书写系统是同汉语这种语言系统相适应而生存和发展的"①。

吕叔湘把汉字和拼音字的利弊得失做了比较。他说:"第一,无论是汉字还是拼音字,它的优点和缺点分不开,有这么个优点,就不免有那么个缺点。第二,汉字的优点恰好是拼音字的缺点,汉字的缺点也就是拼音字的优点。"②吕先生的看法否定了拼音文字比汉字更发展、代表一个更高层次的文化的看法。

(二)对文字发展三阶段论的思考。早在1957年,周有光发表了《文字演进的一般规律》引进了西方学者有关于文字演进的理论。他说:"文字发展史的三个阶段是:第一阶段,从'文字画'和'图画字'开

① 陈原《把汉字问题的研究推向新的高度》,《汉字问题学术讨论会论文集》第1页,语文出版社,1988年。

② 吕叔湘《汉字和拼音字的比较》,《汉字问题学术讨论会论文集》第8页,语文出版社,1988年。

始，一直到表音符号萌芽，表达方法是表形兼表意，不是单一的表形。第二阶段，在运用表意符号的同时，表音符号日益发展起来，跟表意符号结合运用，一直到拼音文字诞生，表达方法是表意兼表音，不是单一的表意。第三阶段，是拼音文字阶段，从音节文字到音位文字，表达方法以表音为基础。这三个阶段的文字是三种发展水平不同的文字制度。”“仅仅就汉字的演变来研究文字的发展规律，就不可能得到拼音文字是比意音文字更优越的文字制度这样的结论。拼音文字的优越性和文字改革的必要性，只有在人类文化发展史当中进行文字制度的比较研究，然后才能够科学地认识。”①

周先生在 1998 年出版的《比较文字学初探》里对这个问题有进一步地论述，周先生把表形、表意、表音三阶段改为形意文字、意音文字和字母文字。周先生研究了两河流域丁头字的演变。他指出在苏美尔人、阿卡德人、巴比伦朝代、亚述帝国时代，丁头字是意音文字，到了新埃兰向音节化前进，到了乌加里特实现了音素化。周先生用这个为例说明文字演变的三阶段论。可是在这部著作里，周先生有一段重要的话，他说：“人类学中有一个‘失去了的环节’（missing link）：猿和人之间的中间环节还没有找到。文字学中也有一个‘失去了的环节’：意音文字和字母之间的中间环节还没有找到。”②这就是说，意音文字如何演变为拼音文字并未得到证实，也许在文字学中根本就没有这个“中间环节”，对西方的文字演变三阶段论提出了保留。既然无法得到证实，也就不能成为科学的结论，我们也就不能认为汉语一定要拼音化。

按照文字演变的三阶段论，汉字要演变为拼音文字，可是汉字使

① 周有光《文字演进的一般规律》，《中国语文》，1957 年第 7 期。

② 周有光《比较文字学初探》第 273 页，语文出版社，1998 年。

用了三千多年，至今并没有变为拼音文字。这是为什么？周先生的解释是："文字制度的重大变化都是在文字传播到异民族以后才发生的。在原民族中间虽然经常发生形体的量变，可是不容易发生结构的质变。传播到异民族中间以后，遇到了新的矛盾，由此引起新的创造。异民族对外来的文字，没有原民族那样固执的图腾习惯。"①这种理论没有说服力。人们很难相信汉民族具有的所谓的"固执的图腾习惯"竟然在三千多年里一直阻碍汉语演变为字母文字。按照这样解释不正是说明汉字在本土不能演变为拼音文字。我们认为三阶段论不能成为汉语要改用拼音文字的理论根据。

文字演变的三阶段论认为，不同类型的文字如同文化一样有高低之分，代表三种发展水平不同的文字制度。意音文字是较低水平的文字，拼音文字是高水平的文字，所以意音文字的汉字要演变为拼音文字。我们认为这种理论没有事实根据，它反映的是使用拼音文字西方学者的主观愿望。汉字和拼音文字都能够无遗漏地按照语词的顺序记录语言，都是发达的文字。这两种文字平行发展，可以互相借鉴，但互不隶属。不同语言根据自身具有的特点，采用其中任何的一种。在语言的特点没有发生重大改变的情况下，在没有政治因素强行介入的情况下，文字体制不会发生质的改变。

六、文字的体制要适合语言的特点

用汉字记录汉语有优点也有缺点，总起来看是优点大于缺点。这是因为汉字比较适合汉语的特点，主要表现在以下四个方面：

① 周有光《比较文字学初探》第 21 页，语文出版社，1998 年。

(一)"汉字的最大的优点是能够通古今、通四方。古今字音差别很大。但由于字义的变化比较小,而且两千年来汉字字形相当稳定,没有太多的变化,所以先秦两汉的古书今天一般人还能部分看懂。如果古书是用拼音文字写的,现代人就根本无法理解了。有些方言语言差别很大,彼此不能交谈,可是写成汉字,就能互相了解,汉字的这个特点对于文化的延续和继承,对于说不同方言的人之间的交际和理解,具有重要的作用。"①如果改成拼音文字,通古今、同四方的功能将丧失殆尽。

(二)"汉字的另一个明显的优势是能够区别同音词。所谓区别同音词,严格地说就是能确定不同的语素。当我们听到一个不熟悉的科学术语的时候,往往不知道指的什么,可是写出汉字来,就会对我们理解它提供一点启发或线索。我觉得从小就跟汉字打交道的中国知识分子已经养成了一种对汉语作语素分析的习惯。"②汉语里同音词很多,文字上必须加以区分。如果改为拼音文字,要把同音词区分开来,其繁难的程度要比汉字还严重,根本无法应用。

(三)汉字带有丰富的汉文化。例如,我国古代曾用贝壳作为等价交换物,所以许多表示财物的字带有意符"贝",如"货、财、资、费、贵、贱、贿"等。意符"示"来自古代的神主,许多表示祭祀、神鬼、祸福的字多带有意符"示",如"祉、祀、神、祖、祸、福"等。拼音文字只表音,不表意,这一项宝贵的文化遗产无法继续,是重大的损失。此外还有以汉字为对象的许多民族艺术形式,如书法、篆刻、字谜等独具特色。逢年过节贴春联、贴福字,是不可缺少的民俗。在人们心里,

① 朱德熙《在"汉字问题学术研讨会"开幕式上的发言》,《汉字问题学术讨论会论文集》第14页,语文出版社,1988年。

② 同①。

识字就是有文化，人们敬仰文学家、书法家。以汉字字形为载体形成了一批词语，如“十字路口、丁字尺、八字胡”等。正因为汉字有如上的优点，几千年来汉族民众热爱汉字，对汉字寄予了深厚的民族感情。

（四）汉字有悠久的历史，汉民族生活在汉字的海洋里即使从甲骨文时期算起也有三千多年。它深入汉民族的内心，如同血肉。在清末以前，人们并不觉得汉字难学，没有改革汉字的要求。侨居海外的华人华侨，见到汉字如同见到祖国的亲人。对于抛弃汉字改为拼音字的巨变人们无法接受，将会造成社会的动荡。

世界上没有十全十美的东西，汉字也有自己的缺点。例如：(1)数量繁多，异体字繁多；(2)结构复杂；(3)缺乏完备的表音系统；(4)多音多义字要靠上下文来分辨，容易误读；(5)国际文化交流困难。这些缺点，我们可以通过文字规范加以减轻。新中国建立以来，我们对汉字进行了整理和简化，汉字学习的繁难程度有所减轻。许多汉字不能准确表音，我们已经有了《汉语拼音方案》作为辅助汉字的工具，用于汉字不能使用或不便使用的领域。信息技术的发展将为汉字的方便使用，开辟新的道路。

汉语如果改用拼音文字，将改变中华民族几千年来的语文生活，这是民众无法接受的，它带给国家和民族的损失将是灾难性的。从国外的经验看，阿塞拜疆把西里尔字母改为拉丁字母后，原来用西里尔字母书写的多数技术文献都被废弃了。乌兹别克斯坦由西里尔字母改为拉丁字母的进程十分困难而且漫长。① 这还是由一种拼音字母改为另一种拼音字母。如果把汉字改为字母文字，困难程度还要

① 《哈萨克斯坦将改用拉丁字母》，《参考消息》，2017年4月14日。

大许多。全面权衡利弊，用汉字记录汉语优点大于缺点，汉字将继续使用，为社会的发展和社会的交际起到积极的作用。

（《汉字汉语研究》，2018 年第 3 期）

商 榷 二 则

一、《从里耶秦简看秦系简牍中构件“水”的形体演变》商榷

在汉字字体演变史研究中，对隶书的形成学界有不同的看法。传统的看法是根据《说文解字·叙》里说的“大发隶卒，兴役戍，官狱职务繁，初有隶书，以趣约易”，认为隶书是对小篆的简省，时间在“书同文”之后。距今三十多年前，张政烺提出新的看法，认为“小篆和隶书同是简化大篆而成的。”“秦推行小篆只是为保持秦人的篆书的传统，具有政治意义，隶书在实际应用上已占优势。”“秦始皇用小篆统一文字，事实上变成了用隶书统一文字了。”这就是说小篆和隶书没有前后相承的关系。[①] 裘锡圭有类似的看法，他说：“从考古发现的秦系文字资料来看，战国晚期是隶书形成的时期。前面说过，跟战国时代其他国家的文字相比，秦国文字显得比较保守。但是秦国人在日常使用文字的时候，为了书写的方便也在不断破坏、改造正体字的字形。由此产生的秦国文字的俗体，就是隶书形成的基础。”[②]隶书

---

① 张政烺《隶书》，《中国大百科全书·语言文字卷》第257页，中国大百科全书出版社，1988年。

② 裘锡圭《文字学概要》第74页，商务印书馆，2013年。

形成的时间在战国晚期。

近来读到姜慧、张再兴合写的《从里耶秦简看秦系简牍中构件“水”的形体演变》(载《中国文字研究》第二十二辑,下文称“演变”)作者依据出土的秦系简牍文献材料,对合体字中的构件“水”从古文字到隶书的形体演化过程进行探讨。文章表述的观点是传统的看法,但是对张、裘的看法没有发表意见,对这个问题的研究没有深入。

“演变”说:“秦系简牍文献中构件‘水’最主要有和两类形体:前者与古文字形体一脉相承,后者则是战国秦文字中出现的一种简省形式,并为后世隶书、楷书所继承。”这里的“前者”“后者”指的是什么没有交待清楚。大篆和小篆都属于“古文字”。如果是指大篆,“演变”的看法就与张、裘基本一致;如果是指小篆,那与张、裘的看法大相径庭。“后者”到底是不是隶书,“后世隶书”指什么,不知是秦隶还是汉隶,是大篆还是小篆?“演变”在第三节里根据里耶秦简论述“考察它们在汉字篆隶转承过程中的轨迹”。这里的“它们”指的是里耶秦简里的构件“水”,而且指明是研究“篆隶转承过程中的轨迹”。这个“篆”应该是指小篆,“隶”指秦隶。显然作者认为隶书是由小篆简省来的。对同一学术问题学者间有不同的看法很正常,通过学术讨论,各抒己见,促使研究深入。“演变”没有这样做,而是对隶书来自大篆的说法视而不见,自说自话。这样的文章无助问题的解决。而且作者坚持的这种看法,在“演变”中有些问题很难解释。作者提供的整个秦系简牍文献以天水放马滩秦简时代最早,是战国末年至秦统一之前,可是天水放马滩秦简中只有 B 式,没有 A 式。既然 B 式是由 A 式来的,就应该先有 A 式,才有可能有 B 式。作者提供的资料里没有 A 式,读者不明白 B 式是从哪里来的。

二、《“作”、“做”形体源流考察及用法浅析》商榷

宋琳著《“作”、“做”形体源流考察及用法浅析》(载《中国文字研究》第二十二辑)研究了“作”和“做”用法的区分。这是当前汉字应用中存在的问题,有现实意义。但是有些提法并不准确。文章说:“宋代时,出现了‘做’……。这个形体和‘作’同音,从使用上看,也和‘作’的一些用法相同。”

其实,“作”和“做”并不完全同音,用法也很难说相同。从古代说,《广韵》有“作”无“做”。“作”有两个读音,意义有别,是多音字:(1)铎韵。“为也,起也,行也,役也,使也,生也。又姓。则落切,又则逻、臧路二切。”(2)箇韵。“则箇切,造也。本臧洛切。”《集韵》在写法上开始分化:(1)铎韵。“即各切。《说文》:‘起也。’亦姓。”(2)箇韵。“子贺切。起也,造也。”(3)莫(暮)韵。“宗祚切,造也。俗作做,非是也。”值得注意的是在莫韵的“作”里出现了“做”,虽然著者认为“非是”。这说明“做”不但出现,而且也已有影响。这三个字在意义上有交叉。丁声树编录的《古今字音对照手册》肯定了“作”和“做”的分化,明确了这两个字的形音配合关系,但未涉及意义:(1)作。《广韵》铎韵,则落切。宕开一入铎精。(2)做(作)。《集韵》暮韵,臧祚切。遇合一去暮精。现代方言中“作”与“做”的读音比较复杂。根据北大中文系语言学教研室编的《汉语方言字汇》,在有入声的方言里,例如合肥、扬州、苏州、长沙、南昌、厦门、潮州、福州等地,“作”和“做”都不同音,“作”读入声,“做”读去声。没有入声的方言,“作”和“做”读音也大多有别。例如:西安“做”读 zou,去声,调值 55;“作”读 zuo,阴

平，调值21。北京话“作”和“做”主要读音相同，但“作”还有阴平一读，如：作坊（指手工业工厂）的“作”。

再谈用法。根据《集韵》，这两个字在古代意义不同，“作”是“起也”，“做”是“造也”；它们在现代各方言里的用法有同有异。例如上海话里，“作曲、作准、作成、作孽、发作、作妖作怪”等用“作”；“做戏、做梦、做人、做功、做礼拜、做衣裳、做鬼脸、做媒人、做满月、做好人、做生意、做人情”等用“做”。在广州话里，“作罢、作置、作怪、作死、作对、作准”等用“作”；“做鞋、做数、做厨、做东、做得好、做生意、做主席、做手脚”等用“做”。

我们还读到尤婷婷、张觉合作的《论“做”、“作”之间的语义用法差别》（载《中国文字研究》第二十三辑）。该文主要根据上海话来区分“做”和“作”的用法，认为“做”是一种处置，“作”是一种创造。这提醒我们要注意这两个字在方言里用法、语义的不同。汉语方言很复杂，势必不能都吸入普通话，吸收哪些，不吸收哪些很难做出抉择。解决的办法，是看古代共同语里“做”和“作”的使用情况。照顾了古代，在一定程度上也就照顾了现代方言。

吕叔湘先生在《现代汉语八百词》里对“做、作”做了区分，该书说：“‘做’和‘作’二者在普通话的语音里已经没有区别。习惯上，具体东西的制造一般写成‘做’。如‘做桌子，做衣服，做文章’；抽象一点的、书面语色彩重一点的词语，特别是成语里，一般都写成‘作’，如‘作罢，作废，作对，作怪，作乱，作价，作曲，作文，作战，装模作样，认贼作父’。”商务印书馆出版的《新华多功能字典》采取吕先生的讲法，略有发挥。在“作”字条下写道：“古代‘做’是去声，‘作’是入声，两个字不同音，现代有些方言里也不同音。普通话这两个字同音，意思相近，有时通用。如‘作伴’与‘做伴’都指当陪伴者，‘作东’和‘做东’都指当东道主，‘作声’和‘做声’都指开口说话。在‘当、看、叫’等动词之后常写‘做’，意思是成、为。用于成语，多写‘作’，如：装模作样、认贼作父，但也有写‘做’的，如：白日做梦、小题大做。这两个字的不同之处在于：1. 作为多音节名词的构成成分，用‘作’，如：作风、作用、合作、代表作。2. 作动词，书面语色彩较重的词语用‘作’，如作罢、作怪、作战、振作；色彩较通俗的词语用‘做’，如：做工、做事、做客、做生日。3. 作动词，意义比较抽象时用‘作’，如：作废、作对、作弊、作画、作曲；意义比较具体时用‘做’，如：做饭、做家具、做衣服。‘作为’的‘作’，不能写成‘做’。”现在看来，这样概括性还不够，不便区分掌握。

王力先生说：“每一种语言里都有所谓骈词(doublets)。骈词是一个词的旧形式和新形式同时存在。”“骈词是每一个时代都可能产生的。例如‘作’字在唐代有两种读音：tsɑk，tsɑ，稍后变为 tsɔk，tsɔ。后人为求分别，索性造一个‘做’(tsɔ)字。‘作’‘做’显然是骈词。”①根据王先生的意见，“作、做”是一个词的旧形式和新形式，到后世字义逐渐有了分化。

我的建议是：先调查古代共同语文献里哪些词语一定要用“作”，把它肯定下来，如“做作、日出而作、矫揉造作、作威作福”等。然后调查普通话里一定要用“作”的也把它肯定下来，如“作文、作怪、作祟、作梗”等。允许少量的现代词语，“做”和“作”都可以使用，观察今后的发展变化，如“当做、当作”，“看做、看作”等。剩下的就都是要用

① 王力《汉语史稿》(修订本)上册第 47—48 页，科学出版社，1958 年。

"做"的。记少不记多,除去一定用"作"和少量用"做"或"作"都可以的,剩下都是用"做"的,这样可能容易掌握些。至于每个条目的意义,要由辞书学家去解决。

(《中国文字研究》第二十六辑,2017年12月)

《印刷通用汉字字形表》的成就与不足

新中国建立之初，语文改革的任务比较繁重。当时中央确定的三项改革任务是简化汉字、推广普通话、制订并推行《汉语拼音方案》。到了上个世纪50年代末，三项任务有了眉目，这才开始解决印刷铅字字形的统一问题。1955年文改会成立标准字形研究组，开始研究统一印刷铅字字形。经过了近十年的努力，多次修改，于1965年1月30日文化部、文改会发出《关于统一汉字铅字字形的联合通知》，随《通知》下发《印刷通用汉字字形表》(下文简称《字形表》)，开始推行。从那以后，根据《字形表》确定的字形叫"新字形"，被取代的原来的字形叫"旧字形"，"新旧字形"的说法沿用至今。

《字形表》的制定并推行源自语文生活的实际需要。由于历史原因，我国的印刷铅字字形存在着两个方面分歧。一方面是印刷字体与手写楷体不一致，如印刷体"八"字为求字形稳重，在捺笔的开头增添了横画，和小三角形的装饰；另一方面是一字多形比较混乱，如：群和羣、真和眞、挩和捝、黄和黃等。这些分歧给汉字的学习和应用增加了许多额外的负担，花费的时间和精力多得难于计算。《字形表》发布时，已经是"文革"的前夕，无法对《字形表》的利弊做深入研究。为了研制《规范汉字表》，2002年8月有关部门在烟台师范学院(今鲁东大学)曾举行"汉字印刷字形问题学术研讨会"，在会上交流了一批论文。最近《语文建设通讯》第 111 期发表了姚德怀和陈明然两位先生合写的《浅谈“新字形”和“旧字形”》，又一次提出了《字形表》的问题。我借机写了这篇短文谈谈《字形表》的成就和不足，作为对姚陈文章的补充。

我认为《字形表》的主要成就是解决了我国数百年来印刷字体与楷体不一致的矛盾，解决了印刷铅字的一字多形，实现了印刷铅字字形的规范和统一。这在我国的印刷史上是件大事。当时确定的整理字形的标准是：同一个宋体字有不同笔画或不同结构的，选择一个便于辨认、便于书写的形体；同一个宋体和手写楷体笔画结构不同的，宋体尽可能接近楷体，不完全根据文字学传统。这个标准时常简化为“以手写楷体为基础”“从俗从简”。“以手写楷体为基础”是正确的，“从俗从简”则带来了不少问题。《字形表》确定了 6196 个汉字（包括 15 个繁体字）的字形、结构、笔画数和笔顺。例如旧字形“吳”改为新字形“吴”，“吴”是上下结构，共 7 画。笔顺隐含在相邻单字的排序之中。“吴”介于“时”与“呒”之间，这三个字的笔顺如下：

时：竖、折、横、横、横、竖（包含竖钩）、点

吴：竖、折、横、横、横、撇、点（包括捺）

呒：竖、折、横、横、横、撇、折

《字形表》虽然只有 6196 字，可是表外字也一律按照整理字形的原则改为新字形，繁体字也改用新字形。这次字形整理实际的范围是全部汉字，它涉及的字要比《简化字总表》多许多，影响十分深远。1980 年发布的《信息交换用汉字编码字符集·基本集》，1988 年发布的《现代汉语通用字表》和 2013 年发布的《通用规范汉字表》都沿用了《字形表》规定的“新字形”。在中国大陆，不论是人际界面还是人机界面，除了影印古籍外一切出版物用的都是新字形。

新字形的不足有三个方面。第一，有些意符、音符变为无理据的记号，失去了构字理据。下面举出三个例子。例一是“羡”和“盗”，这两个字本来都从次(xián)不从次。“次”表示因羡慕想要得到而流口水。“羡”的意思是贪婪、想要得到，是从次从羑省的会意字。“盗”的意思是想把别人的东西据为己有，是从次从皿的会意字。次改为次，不再表意，成为记号。只省去了一个点，却丢失了理据。例二是“研”字的右偏旁，本来是开(jiān)，是音符。新字形改为开(kāi)，成为记号。如豣豣、銒銒、訮訮、研研、妍妍等许多字。例三是“蚤”字，指跳蚤。本来是从虫叉(zhǎo)声的形声字。新字形把“叉”改为“叉”，不再表音，成为记号。这都是“不完全根据文字学传统”，“从俗从简”造成的。有些新字形失去或减少了构字理据性，变为没有理据的记号，增加了学习和使用的负担。

第二，新字形与传统字形拉开了距离，为阅读旧字形的印刷品增加了困难，为查阅使用旧字形的语文辞书增加了麻烦。例如“骨”字的旧字形 10 画，新字形 9 画。“象”字的旧字形 12 画，新字形 11 画。改动虽然只有一两画而为检索带来了许多麻烦。要到用旧字形印制的辞书里去找“研、蚤”是找不到的。“不完全根据文字学传统”是不妥的，打乱了汉字构形体系，降低了理据性，造成了沟通的困难，因小失大。至于“从俗从简”任意性很大，难于操作。有的连笔如“鬼、象”里的撇笔，增加了汉字的结构单位，不便于字形分析。旧字形“鬼”字，上半像鬼头，下半从人和厶。新字形因为连笔失去了人字。这个不足也是由“不完全根据文字学传统”，“从俗从简”这个整理字形标准产生出来的，本来是可以避免的。

第三，新字形内部有矛盾，不统一。例如：“用佣拥痈庸甬俑涌蛹踊”中的“用”最右侧的竖带钩，而“勇”里的“用”却不带钩。“褥缛蓐溽”中的“辰”左边的撇包围“寸”，而“辱”里的“辰”不包围“寸”，改为上下结构。“美”字下面的“大”字的横比上面“羊”字的横要短，而“羹”里的“大”字的横却比“羊”里的横长，二者不一致。另外，在笔形归类上，《字形表》也有不一致的地方，向左钩的竖钩归竖，如“于”的第三画，而向右钩的竖钩却归折，如“戈”的第二画。二者不一致说不出什么道理。如“于”字第三画的竖也应该归为折。这些都是工作不仔细造成的。

新字形的使用已经50年，今后还要继续使用下去。要做修订非常困难，只能等待时机再想办法。

（《语文建设通讯》第112期，2016年9月）

异体字的取舍和分化

本文所说的异体字指狭义的异体字，就是在同一个时期、音义完全相同、只是字形不同的一组字。古今字、繁简字、新旧字形、假借字等都不是异体字。从记录词语的功能说，每一组异体字记录的是同一个词。对于文字的应用来说，异体字的存在很不经济，增加了学习和使用的负担。

汉字很容易产生异体字。历代的行政部门和语文学家为了解决异体字带来的问题，想了很多办法，发表了不少著作，就是要做到记录某一个词只能用特定的某个字，不要有其他的字。从历史上看，规范异体字主要有两种办法：一种是取舍法，一种是分化法。例如，A、B是一组异体字，记录的是同一个词。如果能把这种状况改变为只允许使用A，不允许使用B，也就是取A舍B，这就是取舍法。又如，A、B是一组异体字，记录的是同一个词。如果能让这两个字分别记录不同的词，这组异体字就不存在了，这就是分化法。

东汉的文字学家许慎著《说文解字》，简称《说文》，收字头9353字，另有重文1163字，合计10516字。重文包括古文和籀文，也就是异体字。下面是《说文》用取舍法整理小篆里的异体字。为了便于排印，把小篆改为楷书，把文言翻译为白话：

《说文·欠部》：歌，咏唱。从欠、哥声。謌、歌或从言。

《说文·目部》：睹，看见。从目、者声。覩、古文从见。

《说文·口部》:噍,咀嚼。从口、焦声。嚼、噍或从爵。

《说文·士部》:壻,夫也。从士、胥声。婿、壻或从女。

《说文·羊部》:羴,羊的气味。从三羊。羶、羴或从亶。

"歌、睹、噍、壻、羴"是《说文》推荐的字形,是取的字,"謌、覩、嚼、婿、羶"是《说文》不推荐的字形,也就是舍的字。前人提出的取舍意见,有的与今天的实际情况有出入,我们要根据今天的现实做出调整。例如《说文》取的"噍、壻、羴",今天要改为"嚼、婿、膻"。

新中国建立后,人民政府组织语文学家对当代的许多异体字做出了取舍。1955 年 12 月 22 日文化部和文改会发布《第一批异体字整理表》,下面是《整理表》的样条。字头是取的字形,方括号内是舍的字形:

并[併並竝] 酬[酧詶醻] 锄[鉏耡] 雕[彫鵰琱]

发行量很大的《新华字典》也重视异体字的取舍。大字头是取的字形,圆括号内是舍的异体字,左上角有一个星号的是《第一批异体字整理表》内舍的异体字,左上角有两个星号的是字典舍的异体字。例如:

涩(*澁*濇) 挨(**捱) 刨(*鉋*鑤) 采(*寀**埰)

下面举四组例字说明分化法:

冰、凝。《说文·仌部》:冰,水凝结成坚冰。凝,俗冰从疑。这一条里的冰和凝是异体字,都读 níng。宋真宗大中祥符元年(公元 1008 年)校定的《广韵》里已经分化为用法不同的字。《广韵·蒸韵》:冰,水冻,读 bīng。《广韵·蒸韵》:凝,凝结,读 níng。

谯、诮。《说文·言部》:谯,搅弄和呵责。读若嚼。诮,古文谯从肖。这一条里的谯和诮是异体字,都读 qiào。《广韵》分化为用法不同的字。《广韵·宵韵》:谯,国名,又姓。读 qiáo。《广韵·笑韵》:

诮，责备，读 qiào。《新华字典》：谯，谯楼，古代城门上建筑的瞭望楼。读 qiáo。诮，责备，讥讽。读 qiào。

欧、呕。《说文》有“欧”字。意思是呕吐，从欠、区(ōu)声，读 ǒu。《广韵·厚韵》：“欧，吐也。或作呕。”“呕”是“欧”的异体，后来演变为“呕”为正体。清末翻译西文 Europe 为欧罗巴洲，简称“欧洲”。

球、璆。《说文·玉部》：球，美玉。璆，球或从翏。这一条里的球和璆是异体字，都读 qiú。《广韵》里这两个字仍未分化。《广韵·尤韵》：球，美玉。璆，上同(与上面的球字相同)。到了近代才分化为意义不同的字。《新华字典》：球，圆形的立体物，读 qiú。璆，美玉，读 qiú。

我们学习和使用汉字，遇到异体字时要遵守国家主管部门发布的字形规范。对于已经做出取舍的异体字，要用取的字形；对于已经分化的异体字，要按分化后的规范使用。

(《语言文字报》，2016 年 4 月 13 日)

要注意区分繁体字和异体字

20世纪50年代，国家实行汉字简化，把简化字提升为规范字，繁体字退出一般的社会应用。1964年3月7日文改会、文化部、教育部公布《简化字总表》，是当前使用简化字的标准。《简化字总表》里的字是简繁对照，就是在简化字后面括注相应的繁体字。例如：碍[礙]、肮[骯]、袄[襖]。异体字是和正体字相对的，二者记录的虽然也是同一个语素，但是性质不同。这种不同根据的是在正字法中所处地位，而不是笔画的多少：正体字是规范字，异体字是不规范字。1955年12月22日，文化部和文改会发布《第一批异体字整理表》。在这个字表内，在正体字的后面括注相应的异体字。例如：庵[菴]、暗[闇晻]、翱[翶]。上述的两个文件至今仍然有效，应该认真遵照执行。

繁体字和简化字是现代汉字的两种形体，各有使用范围。在社会语文生活中，有时需要进行繁简转换或简繁转换。这种转换可以由人工进行，也可以由电脑软件进行。日前我看到一份简繁体软件转换的测试题，发现有混淆繁体字和异体字的现象，看来有必要把这个问题说一说。测试题的题量很大，下面只举出十个句子稍加说明。破折号前面的是简化字的句子，破折号后面的是用简繁转换软件后产生的句子。[　]内是我的点评。

①从海淀商场买的淀粉。——從海淀商場買的澱粉。[转换正

确。淀粉的“淀”繁体作“澱”]

②皇后从后面赶过来。——皇后從後面趕過來。[转换正确。前后的“后”繁体作“後”]

③采来名茶,兴高采烈地献给大王。——採來名茶,興高采烈地獻給大王。[“来、兴、献、给”转换为“來、興、獻、給”,转换正确。“採”是“采”的异体字,不是繁体字]

④看见飘着酒帘的小店,咱就挑帘而入。——看見飄著酒帘的小店,喒就挑簾而入。[“见、飘”转换为“見、飄”,转换正确。“着”在古白话里写作“著”,二者不是简繁关系,不该转换。酒帘的“帘”不转换,门帘的“帘”转换为“簾”,转换正确。“喒”是“咱”的异体字,不是繁体字]

⑤带着这个累赘赶路,真累死我了!——帶著這個纍贅趕路,眞累死我了![“带、这、个、赘”转换为“帶、這、個、贅”,转换正确。累赘的“累”在繁体文本仍作“累”,不作“纍”。“眞”是“真”的旧字形,与繁简转换无关]

⑥不管环境多危困,困了就睡,饿了就吃。——不管環境多危困,睏了救睡,餓了就喫。[“环、饿”转换为“環、餓”,“困了”转换为“睏了”,转换正确。“喫”是“吃”的异体字,不是繁体字]

⑦一抽烟就弄得满屋是烟。——一抽烟就弄得满屋是煙。[这个句子简繁体同形,无须转换。“煙”是“烟”的异体字,不是繁体字]

⑧芦花荡内波涛荡漾。——蘆花盪内波涛盪漾。[“芦、涛”转换为“蘆、濤”,转换正确。“盪”是“蕩”的异体字,不是繁体字。“荡”应该转换为“蕩”]

⑨这是梁代修造的桥梁。——這是樑代修造的橋樑。[“这、桥”转换为“這、橋”,转换正确。“樑”是“梁”的异体字,不是繁体字]

⑩舍弟因舍己救人而殉职。——捨弟因捨己救人而殉職。[舍己救人的“舍”在繁体文本里作“捨”,“职”转换为“職”,转换正确。舍弟的“舍”在繁体文本里仍作“舍”]

通过以上的点评,可以得到以下四点认识。一是目前上市的汉字繁简转换软件,对于一简对一繁和一简对多繁的转换基本胜任,只对个别的一简对多繁仍有问题,如⑩里的“舍弟”的“舍”不该转化,还要靠人工干预。二是目前上市的转换软件只限于繁简转换,不能用来进行异体字和正体字的转换。当前正式出版物里使用的是正体字,很少使用异体字。对汉字繁简转换软件进行测试,应该排除带有异体字的测试题。三是语文字工作者应该明确区分繁体字和异体字。繁体字和异体字的区分比较容易,只有少量字有交叉。遇到不易分清时要按照《简化字总表》和《第一批异体字整理表》的规定执行:出现在《简化字总表》的括号里的是繁体字,出现在《第一批异体字整理表》的括号里的字是异体字。四是不论是纸质版还是电子版必须用新字形,不用旧字形。

(《语言文字报》,2013 年 6 月 19 日)

汉字里的指事号和记号

汉字里的指事号与记号是两个不同的术语，容易相混，要加以区别。区别这两类符号对汉字结构的分析很有好处。指事号来自传统汉字学，用于指事字；记号是现代的汉字学里的概念，用于造字法领域。

指事字是六书里的一类，是在象形符号上加注指事号构成的。指事号指示字义的所在，产生新字，兼起区别字形的作用。指事号不独立使用，是指事字的组成部分。在发展中不少指事字的指事号与象形符号融合为一体。下列带指事号的字都是指事字：

甘。甲骨文“甘”字是在口内加一短横指事号，表示口含着甘美的东西，演变为后世的“甘”字。

刃。金文“刃”字是在“刀”的刃部加一短横指事号，指明刀刃之所在，演变为后世的“刃”字。

勺。小篆包裹的“包”字作“勹”，在“勹”内加一短横指事号成为“勺”，指勺中有舀取的东西，演变为后世的“勺”字。

亦。小篆的“大”字像正面站立的人形，在人的两腋处各加一短横指事号，成为“腋”的初文，后来演变为“亦”字。“亦”假借为副词，如“学而时习之，不亦说（yuè）乎？”的“亦”，于是另造从月（肉）夜声的“腋”字。

本。小篆“本”字是在“木”字的下部加一短横指事号，指树根。“本”字后来转指树干，于是另造“根”字表示树根。

末。小篆“末”字是在“木”字的上部加一短横指事号，指树梢。

朱。小篆“朱”字是在“木”字的中腰部加一短横指事号，指赤心的树，后来演变为“朱”字。

玉。小篆“王”字和“玉”字相似，中间的横画靠上是“王”，中间的横画居中是“玉”。到了隶书两个字的中间横画位置都居中。为了显示区别，就在“王”的右下加一点的指事号成为“玉”。

义。“义”字是“義”字的简化字，与“乂”字相似。“乂”读 yì，意思是治理、安定。二者的区别只在“义”字有一点的指事号。

旧。“旧”字是“舊”字的简化字，与“日”字相似。二者的区别只在“旧”字的左边有一竖画的指事号。

下列象形字里的指事号只起区别字形的作用，不产生新字，仍是象形字：

日。甲骨文的“日”字是象形字。因为刀刻的缘故，圆形的“日”常刻成四边形。甲骨文的“丁”字是个方块，“日”与“丁”容易相混。为了区别这两个字，于是在“日”中加一横画的指事号，逐渐演变为后世的“日”。

月。甲骨文里的“月”和“夕”形体相同，都是半月形。为了区别“月”和“夕”，其中有一个字加上了一竖画的指事号，另一个字不加。后来，带指事号的是“月”，不带指事号的是“夕”，逐渐演变为后世的“月”和“夕”。

下面再说记号。汉字的基本构成单位是字符，字符有三种，就是意符、音符和记号。和整字的意义有联系的是意符，和整字的读音有联系的是音符，和整字的意义和读音都没有联系的是记号。例如，“休”字指人在树下休息，其中的“木”是意符；“沐”字指洗头，其中的“木”是音符；“样”是“樣”的简化字，本指橡树的果实，假借为式样的“样”，其中的“木”是记号。记号有的成字，有的不成字，记号独立成字就是记号字。裘锡圭指出：“在文字形成过程的开始阶段，可能有少量长期沿用的记号吸收到文字里来，古汉字里×、∧、十、)(（相当于后世的五、六、七、八——作者注）等数字大概就来自这种记号。除此之外，用记号造字的情况就很难找到了。但是在汉字发展的过程里，由于字形和语音、字义等方面的变化，却有不少意符和音符失去了表意和表音的作用，变成了记号。”例如：

異。杨树达著《积微居金文说》：“甲文異字作人头上戴物，两手奉（捧）之之形。異盖戴之初字。”甲骨文“異”字是会意字。隶变以后头上戴的物件变成“田”，两手捧着变为“共”，合起来成为“異”字。“田”和“共”两个字符既不表意也不表音变成记号，“異”字成为记号字。“異”简化为“异”，“异”也是记号字。

年。小篆“年”字是从禾千声的形声字，隶变后意符“禾”和音符“千”融合在一起成为“年”字，“年”是记号字。

春。小篆“春”字是从艹、从日、屯声的形声字。隶变后“艹”和“日”讹变为“𡗗”。“𡗗”既不表意又不表音，变成记号。“春”字是半意符半记号字。

香。小篆“香”字是从黍、从甘的会意字，指气味芬芳。隶变后“黍”省变为“禾”，“甘”讹变为“日”，成为“香”字。“香”里的“禾”是意符，“日”是记号，“香”字是半意符半记号字。

意符和音符分别具有表意和表音的功能，自然很重要，而既不表意又不表音的记号似乎是个可有可无的东西。其实不然，记号在构字里是不可缺少的，它的作用主要是表示与相关的字的区别。

（《咬文嚼字》，2017 年第 4 期）

假借例说

“假借”是“六书”之一。《说文》给“假借”下的定义是：“本无其字，依声托事，令长是也。”清代说文学家朱骏声把这个定义修改为“本无其意，依声托字，朋来是也。”为什么要有假借呢？因为古代字少，要记录某一个词时，还没有记录这个词的正字，于是就找一个同音或近音的字来代替，这就是假借。假借也还有另一种情况，就是本来有正字，写字的人由于笔误或其他原因写成另一个音同或音近的字，这叫通假，属于假借的一类。传世古籍由于经过多次传抄、刊刻，有或没有正字有时也难于分清。假借字的认定要满足两个条件：一是读音相同或相近，二是在古籍中有实际用例。而不是靠推测，更不能靠想当然。

朱骏声说：“不知假借者，不可与读古书。”这话很有道理。例如，《论语·阳货》：“阳货欲见孔子，孔子不见。归孔子豚。”其中的“归”假借为“馈”，指赠送，如果把它理解为归还，那就错了。“归”和“馈”上古同音，可以假借。

先秦古籍里的假借字很多。随着汉字字数的增加，假借字的数量逐渐减少。现代汉字一般用造新字的办法来记录新词，不用假借。例如，为了记录英语 beer 这个词，汉字就造了个从口卑声的形声字“啤”。现代汉字里也保留一些自古相传下来的假借字，数量虽然不多，但是有些很常用。我们了解了这些假借字，对学习和使用现代汉字会有帮助。下面举出十个假借字，略加说明，敬请读者指正。

我。甲骨文“我”字是象形字，像兵器形。假借为第一人称代词。《诗·小雅·采薇》：“昔我往矣，杨柳依依；今我来思，雨雪霏霏。”

来。甲骨文“来”字是象形字，像小麦形，指小麦。《诗·周颂·思文》：“贻我来牟。”意思是留给我们大麦和小麦。假借为往来的“来”。《诗·卫风·氓》：“氓之蚩蚩，抱布贸丝。匪来贸丝，来即我谋。”小麦义后作“麦”。往来的“来”繁体作“來”。

草。小篆“草”字是形声字，从艹、早声，指栎树的果实，本读zào。《说文》：“草，草斗，栎实也。”假借为花草的“草”，后改读cǎo。花草的“草”本作“艸”，后改用假借字“草”。《论语·阳货》：“多识于鸟兽草木之名。”栎树果实义后用“皂”，也叫皂斗。

县。繁体作“縣”，是由古文字演变而成。金文“縣”字是会意字，从木、从系、从首，表示把人头挂在树上，意思是悬挂。《诗·魏风·伐檀》：“不狩不猎，胡瞻尔庭有縣貆兮。”假借为州縣之“縣”。《左传·哀公二年》：“克敌者，上大夫受縣，下大夫受郡。”繁体字“縣”简化为“县”。悬挂义后作“懸”，简化为“悬”。

然。小篆“然”字是形声字，从灬（火）、肰（rán）声，意思是烧。《孟子·公孙丑上》：“若火之始然，泉之始达。”假借为虚字，表示是、对。《论语·雍也》：“雍之言然。”现代汉字中的“然”表示转折关系，多用于“然而”。巴金《灭亡》：“有的说这是命该，有的叹死者可怜……然而并没有人骂那秘书长。”燃烧义后作“燃”。

强。小篆“强”字是形声字，从虫、弘声，指米中的小黑虫。假借为强弱之“强”。《荀子·劝学》：“螾无爪牙之利，筋骨之强。”

旧。小篆“舊”字是形声字，从雈（huán）、臼声，指鸱鸺，即猫头鹰。假借为新舊的“舊”。《诗·大雅·文王》：“周虽舊邦，其命维新。”“舊”简化为“旧”。

也。金文“也”字是象形字，像盥洗器。《说文》认为“也”像女阴，不可信。假借为虚字，表示语气，用在句末。《左传·僖公二十三年》：“秦晋，匹也。”现代汉字里也用作副词，表示相同。鲁迅《呐喊·自序》：“我在年青时候也曾经做过许多梦。”盥洗器义后用“匜”(yí)。

某。小篆“某”字是会意字，从木从甘，指一种酸果。假借为谁某之某。《公羊传·宣公六年》：“于是使勇士某者往杀之。”现代汉字里的“某”指一定的人、地、事、物，不明言其名。老舍《四世同堂》：“生在某一种文化中的人，未必知道那个文化是什么。”酸果义后用“梅”。

莫。小篆“莫”字是会意字，从日在茻中，表示太阳将要落下，傍晚。假借为无定代词，表示没有什么或没有谁。《战国策·楚策》：“群臣莫对。”现代汉字里的“莫”表示否定，意思是不要。例如：“我初来乍到不懂这里的规矩，请莫见怪。”傍晚义后用“暮”。

（《语言文字报》，2016年6月8日）

由假借引起的汉字变化

假借是汉字的“六书”之一，问题较为复杂。假借的使用与发展不单是一个字的问题，它往往会引起有关用字发生改变。本文试图对这方面的问题稍加解释，供有兴趣的朋友参考。

扼要地说，假借指的是文言文里面同音或近音字的通用或借用。例如“由”字的本义为自、从。《论语·雍也》：“谁能出不由户？”假借为“犹”，意思是如同。《孟子·梁惠王上》：“民归之由水之就下。”在这个例句里，表示从的“由”字假借为“犹”字。假定要记录语言里 A 这个词，但是没有专用的字，于是就借用已有的音同或音近的字来使用，这就是假借。讨论假借一定要区分词和字，二者不能混同。词属于语言，字是记录语言的符号系统。假借时词不变，变的只是记录词所用的汉字。假借字和借用它要表示的字必须是同音，至少也要是声音十分相近。

假借一定要有借出方和借入方，我们先说借出方。用于假借的字自身原有的意义叫该字的本义。发生了假借关系时，这个字新增加了假借义。一个兼有本义和假借义的假借字，在假借发生后可以有三种变化。(1)本义和假借义共用一个汉字。例如“之”字。本义是往、去。《论语·公冶长》：“之一邦。”假借为第三人称代词。《论语·学而》：“学而时习之，不亦说乎！”(2)由于假借义使用频率较高，本义很少使用，只用假借义。例如“普”字，它的本义是“日无色也”

(太阳没有光和色),假借为“溥”,表示普遍。《孟子·万章上》:“普天之下,莫非王土。”本义的“日无色也”则不见使用。(3)被借字专用于假借义,而为本义另外造字。下面举出四个例字:“自”字的本义是鼻子,假借为自从的“自”,另造“鼻”字表示本义。“来”字本指小麦,假借为来去的“来”,另造“麦”字表示本义。“莫”字本指傍晚,假借为无定代词“没有谁”“没有什么”后,另造“暮”字表示本义。“韦”字本指包围,假借为熟皮,另造“围”字表示包围。另造的本字多为形声字,这是因为形声造字法具有很高的能产性。上面举出的“鼻、麦、暮、围”都是形声字。

再说借入方。借入方指的就是文章里的假借字。根据假借字所表示的词有无本字,可以分为三类。(1)无本字的假借。第一人称代词“我”假借兵器名称的“我”;句末语气词“耳”假借耳朵的“耳”;语气词“夫”和指示代词“夫”假借丈夫的“夫”;疑问代词“奚”假借本来当奴隶讲的“奚”;代词“其”假借畚箕的“箕”的初文“其”;副词“亦”假借“腋”或“液”的初文“亦”。这些假借字所记录的词没有本字,一直使用假借字。(2)有后起本字的假借。有的词没有本字,只有假借字,可是对假借字不满意。因为假借字只能表示读音,字形和所记录的词的意义没有联系,于是又造个意义有联系的后起本字,放弃了假借字。例如:“与(與)”字的本义是给予,假借来记录疑问语气词。《论语·宪问》:“管仲非仁者与?”后来为假借义造“欤(歟)”字。《史记·屈原列传》:“子非三闾大夫欤?”就不再用假借字“与”。“邪”字的本义是不正当,假借来记录疑问语气词。《庄子·逍遥游》:“天之苍苍,其正色邪?”后来为假借义造“耶”字。《战国策·赵策三》:“十人而从一人者,宁力不胜、智不若耶?”就不再用假借字“邪”。“锡”字本为金属名,假借来记录赏赐的“赐”。《书·洪范》:“天乃锡禹洪范九畴。”后来为假借义造“赐”字。《论语·乡党》：“君赐食，必正席先尝之。”也还有另一种情况。如燃烧的“燃”本来作“然”，假借为表示然否的“然”。《说文》有后起本字“嘫”字，可是这个字并没有流行，至今仍用假借字“然”。(3)有本字的假借。“艸”是草木之“草”的本字，可是古籍中很少用“艸”，多用假借字“草”。“草”的本义是草(zào)斗，即栎树的果实。“耑”是开端之“端”的本字，多用假借字“端”，“端”的本义是端正。古籍大多借“端”为“耑”。“毬”是皮球之“球”的本字，见大徐本《说文》新附字，文献中多用假借字“球”，“球”本指一种美玉。这一类假借字，有些在使用一段时间后就停止使用，仍用本字。例如简册的“册”是本字，像编简之形。古籍里常用假借的“策”，“策”的本义是赶马的杖。现在“册”已经不能用“策”代替。既然有本字，为什么还要用假借字呢？原因是多种多样的，如有的是为了简化字形，如以“姜”代“薑”、以“灵”代“靈”。

(《咬文嚼字》，2016 年第 2 期)

易学便用方传世

周有光先生说："一种文化工具，只要易学便用，适合时代需要，它本身就会自动传播，不胫而走。"（《汉语拼音 文化津梁·序言》）相反，如果它难学难用，不适合时代需要，它就会逐渐萎缩，以致消亡。即使有行政力量的支持，也难以改变命运。古今中外有大量的例证证明这个道理。

公元前221年秦统一六国，建立了大一统的封建王国。为了改变"言语异声，文字异形"的状况，推行书同文政策，用秦小篆代替与秦小篆不合的六国文字，取得了成功。秦小篆继承了西周以来汉字的传统，基础是"画成其物，随体诘诎"的表形符号，学习和书写十分不便。因为公文繁忙，实际应用的是书写方便快捷的隶书。文字学家指出与其说秦国是用小篆统一了文字，不如说是用隶书统一了文字。隶书为什么能战胜小篆？因为隶书易学便用。

再说国外的例子。5500年前，西亚创造了丁头字，北非创造了圣书字。为什么丁头字扩展成为从地中海到波斯湾许多民族的国际文字，而圣书字只能局限于尼罗河一隅呢？原因之一是：泥板虽然笨重而容易制造，簪笔压写在当时是比较方便的书写方法。可是后来为什么丁头字又消亡了呢？原因之一是：阿拉马字母在丁头字区域内流行开来，简便的字母排斥了繁难的丁头字。

在距今3300前的地中海东岸，古代称"叙利亚·巴勒斯坦"，就是现在的黎巴嫩一带地方产生了字母。现在已知的最早的字母是比拨罗字母。字母的创造非常困难。但是一旦诞生以后，由于它易学便用，不断扩散，受到一切需要字母的民族的欢迎。字母产生后向东的一支叫作阿拉马字母，后来演变为印度字母。阿拉马字母以叙利亚基督教为支柱，来到两河流域的丁头字分布地。经过1000多年的竞争，阿拉马字母简易、经济、效率高，而丁头字十分繁难，泥板太笨重，人们在用了纸草、羊皮和其他新的书写材料以后，不愿意再用泥板了。流传3000年以上的丁头字成为无人知晓的古文字。

再举汉字的例子。传统汉字许多字笔画繁多，结构复杂，民间一早就有笔画简省的简体字流传，但由于统治阶级努力维护繁体字的地位，简体字被称作俗字，未能取得正统地位。进入20世纪，中国社会发生大变化，1949年建立了人民政权，开始推行简化字并取得成功。据2004年发布的调查数据，平时主要写简化字的人占被调查人口的92.52%，写繁体字的人占0.92%。目前如果再调查，平时写简化字的人只会增加不会减少。近年来虽不断有人呼吁恢复繁体字，但得不到广大民众的支持。简化字的地位十分稳定，因为它易学便用。

（《语言文字报》，2016年11月30日）

近百年来汉字的简化与规范

原始汉字主要来自图画，许多字的形体可繁可简。在甲骨文里面，“”是繁体的车，“”是简体的车，繁简体同时使用，简体字与繁体字历史一样长久。秦统一天下后，用小篆取代六国古文，实现了书同文。小篆经过隶书演变为楷书，其中有不少字笔画繁复，例如“鹂镶鸞籲”每个字都有30画以上，学习和使用都很困难。因而在民间，对这些繁难的字都创造了相应的简体，但各个统治当局都排斥简体，只能在民间契约、药方、账簿、唱本上使用，不能用于汉字教学和各种正式文书中，科举考试如果用了简体就必然要名落孙山。

进入20世纪，社会急剧变革，这种观念受到了冲击。1909年教育家陆费逵发表了著名论文《普通教育当采用俗体字》，认为：“普通教育采用俗体字有利无害，不惟省学者脑力，添识字之人数，即写字刻字，亦较便也。”随着新文化运动的开展，国学大师钱玄同于1920年发表《减省汉字笔画的提议》，1922年又在国语统一筹备会上提出《减省现行汉字的笔画案》，获得通过。到20世纪30年代，简体字运动进入了实际推行阶段。1935年春，《太白》半月刊主编陈望道组织手头字（简体字）推行委员会，选定第一批手头字300个，并在有关刊物上使用。1935年8月南京国民政府教育部公布《第一批简体字表》，表内有324个简体字，并在《各省市教育行政机构推行部颁简体字办法》中规定“凡小学、短期小学、民众学校各课本、儿童及民众读物，均应采用部颁简体字”。这项举措受到教育界和进步文化界的普遍欢迎，但也受到保守势力的强烈反对。当局屈从保守势力的压力，在1936年2月训令教育部“简体字应暂缓推行”，推行简体字运动不幸中途夭折。

新中国成立不久，有关部门就着手推行汉字简化。1951年教育部社会教育司拟出了《第一批简体字表(初稿)》，收简体字555个。1952年2月中国文字改革研究委员会以《第一批简体字表(初稿)》为基础进行增删，拟出《常用汉字简化表草案》第一稿，收简体字700个。后经过多次讨论和修改，于1954年9月形成了《常用汉字简化表草案》第五稿。1954年11月对第五稿再做修改，形成《汉字简化方案草案》。1955年2月《汉字简化方案草案》在中央一级报刊上发表，向全社会征求意见。到同年的7月，收到各界群众的意见5167件，其中97%表示赞成。1955年10月在北京召开了全国文字改革会议，会议批准了汉字简化的方针是“约定俗成，稳步前进”，通过了《汉字简化方案修正草案》。修改后的草案又经国务院汉字简化方案审定委员会的审定。1956年1月28日国务院第23次会议通过了《关于公布(汉字简化方案)的决议》。1月31日《人民日报》发表国务院的《决议》和《汉字简化方案》。该方案收515个简化字和54个简化偏旁。《汉字简化方案》公布后，分四批推行，十分顺利。1958年1月周恩来总理在《当前文字改革的任务》的报告里指出：“方案公布后，两年来，简字已经在报纸、刊物、课本和一般书籍上普遍采用，受到广大群众的欢迎，大家称便，特别是对初学文字的儿童和成人的确做了一件很大的好事。”1964年颁布了《简化字总表》，收录了《汉字简化方案》里的简化字和在《新华字典》的范围内通过偏旁类推简化得到的简化字，作为使用简化字的统一规范。根据2004年公布的中国语言文字使用情况调查得到的数据，平时主要写简化字的占95.25%，写繁体字的占0.92%，繁简两体都写的占3.84%。简化字在民众中已经扎下了根，汉字进入了简化字时代。《通用规范汉字表》坚持了汉字简化的方向，按照《简化字总表》的规定，凡是应当简化的都做了简化。

关于汉字的规范，作为交际工具的语言文字必须有统一、明确的规范，否则就会失去存在的价值。康熙五十五年（1716年）印行的《康熙字典》是清王朝建立的汉字规范。清末废科举兴学堂，教育发生了大变化；"五四"时期白话文取代了文言文，书面语发生了大变化。《康熙字典》建立的汉字规范无法适应急剧变化的中国社会。1913年民国政府召开读音统一会，审定了6500多个汉字的"国音"，人们称为"老国音"。1919年出版的《国音字典》采用了"老国音"。1923年修订了国音的标准，改为以北京语音为标准音，人们称为"新国音"。1932年民国政府教育部颁布《国音常用字汇》，初步实现了汉字的四定（定量、定形、定音、定序）。

新中国建立后，人民政府对汉字进行了整理，形成了新的正字法。汉字的整理主要做了以下几件事：

一是整理异体字。异体字指音义全同、只是形体不同的一组一组的字。整理异体字就是根据从俗从简的原则，从每组异体字里确定一个字为选用字，也就是规范字，其他的形体停止使用。1955年12月22日《第一批异体字整理表》发布，收810组异体字，从中选定810字为规范字，淘汰1055字。例如，"酬酧詶醻"里确定"酬"为选用字，"窗窓窻牎牕"里确定"窗"为选用字。《通用规范汉字表》对异体字做了调整，今后关于异体字的认定以《通用规范汉字表》为准。

二是整理印刷铅字字形。旧中国印刷铅字字形存在严重的分歧。1965年1月发布《印刷通用汉字字形表》，确定了6196个通用汉字的结构、笔画数和笔顺，用作统一铅字字形的范本。字表规定的字形人们称为新字形，在这以前使用的字形称为旧字形。例如（括号内的是旧字形），吕（呂）、争（爭）、户（戶）、吴（吳）、郎（郞）。

三是改换生僻地名用字。例如，盩厔县改为周至县、鬱林县改为玉林县、鰼水县改为习水县等。

四是统一部分计量单位名称用字。例如，“浬”改为“海里”、“瓩”改为“千瓦”、“呎”改为“英尺”、“吋”改为“英寸”等。

经过以上整理，形成了现代的正字规范，《通用规范汉字表》里的字形符合这个规范。现代正字法要求：社会用字要大力推行《通用规范汉字表》里的规范字；有条件地使用繁体字和异体字；不使用不规范字。《国家通用语言文字法》充分考虑了各方的使用需求，还规定了繁体字和异体字在6种特殊情况下可以保留或使用：(1)文物古迹；(2)姓氏中的异体字；(3)书法、纂刻等艺术作品；(4)题词和招牌的手写字；(5)出版、教学、研究中需要使用的；(6)经国务院有关部门批准的特殊情况。不规范字首先是错别字。错字是指错成了根本没有这样写法的字。例如“展”字误为“˜展”，“晓”字误为“晓”。别字是指把甲字误用为乙字。例如，把“捍卫祖国的强盛”的“捍”误为“撼”。其次是二简字、旧字形、已经废止的生僻地名用字和旧计量单位名称用字等。《通用规范汉字表》的公布和推广必将进一步提升汉字的规范水平，促进各项建设事业的发展。

（《语言文字报》，2013年11月20日）

关于简繁汉字使用问题的思考

推行简化字取得积极成果

1956年1月28日，国务院全体会议通过了《汉字简化方案》，然后分四批推行，拉开了汉字简化的帷幕。

根据国务院的指示，1964年5月中国文字改革委员会编辑出版了《简化字总表》。《总表》扩大了可以类推简化的偏旁，并且规定了无限类推的原则（即未收入第三表的字，凡用第二表的简化字或简化偏旁作为偏旁的，一般应该同样简化），保证了书面语用字的规范和统一。

汉字简化有利也有弊。利的方面有三点：一是节省书写时间，提高书写效率；二是提高阅读清晰度，节省目力；三是因为采用了“一简对多繁”，减少了一些字数。弊的方面主要是：有的简化影响了相对应汉字的理据性。但是，权衡利弊，利仍大于弊。

60年来，简化字的推行取得了积极成果。据2004年发布的数据表明，平时写简化字的，占被调查总人数的95.25%；写繁体字的，则占0.92%；两种都写的，占3.84%。

从那时到现在，虽然十多年过去了，但是数据比例并没有发生根本性变化。这是因为简化字易学便用，符合汉字演变的总趋势，已经在民众中扎下了根。《简化字总表》收简化字2235字，占通用汉字的三分之一。汉字字形虽然发生了这样利民、利用的变动，并没有引起文化传承的大起伏，实属不易。

“文革”结束以来，社会上有关简化汉字的议论始终未断。每年的全国“两会”，也时常收到要求恢复繁体字的提案。但是从社会多数民众的反应来看，支持简化字的力量很稳定。所以，反对简化字、要求恢复繁体字的意见，很少有人附和，是理所自然的。

简繁汉字使用范围不同

当前的形势是恢复繁体字的路走不通，要继续坚持推行简化字；彻底废除繁体字的路也走不通，繁体字要和简化字长期共存共用，二者使用范围不同。

使用繁体字的古籍文献汗牛充栋，是国家民族的宝贝，不能弃置不用；把所有繁体字的古籍文献都用简化字印刷出版，这是脱离实际的空想。港澳台地区和一部分海外华人仍在使用繁体字，繁体字是和他们进行交际的语文工具。

上述情况要长期存在，不会改变，因此简繁体汉字必然是长期共存共用。目前简繁体汉字使用的情况大体是：占主导地位的是使用包括简化字在内的规范汉字；文物古迹、书法篆刻等艺术作品、题词和招牌的手书字、出版教学研究中需要使用的、经国务院有关部门批准的特殊情况等，可以保留或使用繁体字。《国家通用语言文字法》肯定了这种情况，为简繁体汉字长期共存共用提供了法律依据。

我于2009年发表了题为《汉字进入了简化字时代》的文章，认为，“推行简化字是为了减轻汉字学习和使用的负担，因此在简化字推行后，在全国印刷的和书写的文件上一律通用简化字，也就是‘以简代繁’。被简化了的繁体字不再使用，而翻印古籍和有其他特殊需要时照旧可以使用繁体字。可见，推行简化字并没有废止繁体字，只不过缩小了繁体字的使用范围”。

总结 60 年来推行简化字的经验，简化字已经站稳了脚跟，文字生活进入了简繁体汉字长期共存共用的时期。我们要研究共存共用中存在的各种问题，并提出解决办法。

对汉字研究的一点建议

纪念《汉字简化方案》公布 60 周年，要多做实事。

多年来对“规范汉字”的含义始终没有一个统一的理解，使用起来就往往造成混乱。我建议，在简化字的文本里，将符合下列四个字表的字认定为规范汉字：《第一批异体字整理表》《简化字总表》《印刷通用汉字字形表》和《通用规范汉字表》。在简化字文本里，繁体字不属于规范汉字（但不是错字），所以，不能掺入规范的字形表里。在有关语言文字的法律法规中，要规定在同一文本中不能简繁体混用。

2009 年 6 月 22 日，周有光先生写信给我，提出关于在高中开“读古书”选修课的意见。他说：“近来网上谈论‘简繁问题’的文章越来越多。我的想法是：(1)可在高中开一节‘读古书’的选修课，学习阅读繁体字的古书，例如《古文观止》。(2)小学和初中完全不变。规范字就是‘正体字’，包括一部分简化字。这个办法，可称为‘用简识繁’。避免扰乱原来程序，可能平息纷纷议论。”我觉得周先生的意见富有启发性，不妨由相关部门研究，以权衡是否可行。

此外，要大力营造研究汉字的学术氛围，实事求是地评价汉字的功过是非。对那种随意解说汉字字形和意义的不良倾向要加以扼制，以维护祖国文字的尊严和健康。

（《光明日报》，2016 年 8 月 27 日）

有些传承字就是古代的简体字

国家通用语言文字是普通话和规范汉字。规范汉字可以分为两部分，就是传承字和简化字。传承字是指历史上传承下来、字形没有什么变化的字，简化字则是指从群众中收集来并经过规范整理，由政府相关机构公布的字。1935 年南京国民政府教育部公布的《第一批简体字表》收 324 个简体字，1986 年重新发表的《简化字总表》收 2235 个简化字。我这里要说的不是这些简化字，而是指规范汉字里的一些传承字，实际上就是历史上已经简化过的字。例如：

《说文・雥部》里有个“雧”字，读 jí。它是由“雥(zá)”和“木”组成的会意字，表示群鸟聚集在树上。“雥”表示许多鸟，而我们今天看到的传承字“集”，其实就是古代的这个“雧”字的简体字。

《说文・雔部》有个“靃”字，读 huò。它是由“雨”和“雔(chóu)”组成的会意字，表示的是成双成对的鸟在雨中疾飞发出的声音。这个“靃”字在古代已经简化为传承字里的“霍”字。

三千多年来，汉字形体演变有简化和繁化两种趋势，但是主流是简化。今天我们说的传承字里有一些就是古代的简体字，只是一般人并不了解就是了。

简化汉字不仅是我国的法定文字，而且已被联合国秘书处所认可，是其六种工作语言的书写形式之一。汉字的简化其实是古已有之的。这方面，我们还可以举出一些实例。例如：

我们今天以为是繁体的“雷、萝、塵”这三个字，也都是古代已经被简化了的。在古代还有比它们更繁的写法，分别是“靁”（《说文·雨部》）、“㝱”（《说文·㝱部》）、“麤塵”（《说文·麤部》）。《说文解字》里头这样一些字笔画繁多，古人觉得麻烦，于是就简化为今天我们当作传承字的“雷、萝、塵”。

总之，20 世纪 50 年代政府推行的简化字，绝大多数是历史上传承和沿袭下来的。因为文字是辅助语言的重要交际工具，人们自然希望它笔画减省，易学便用。

（《光明日报》，2016 年 3 月 20 日）

科学阐释汉字，打牢语言文字学基础

2017年6月22日，《南方周末》刊发了徐健顺、秦佳佳写的《四大字典该“变”了!》，文中提出“期待一场轰轰烈烈的字典改良”。该文的许多看法似是而非，有待商榷。

一

文章首先谈到《新华字典》《现代汉语词典》的排序：“《新华字典》《现代汉语词典》是按照英语26个字母的顺序排列的，然而就我已知的世界上其他民族和国家几部字典，他们在编本族的字典却并没有依据另一种不相干的语言去排序。”这种说法没有根据。两本辞书排序的依据是汉语拼音字母而非英文字母。汉语拼音字母是经全国人大批准的拼写汉语语音的字母，不是“另一种不相干的语言”，其源自国际通用的拉丁字母（也叫罗马字母），对于汉字汉语走向信息网络时代、走向世界，具有重大的意义。

对于两本辞书的排序，文章说：“如此一来，汉语、汉音、汉字的所有规律性都会被打乱，我们无法从这两部字典中看出汉字音形义一体的体系、汉音与语义的规律关系、汉语的读法含义等等内涵。”其实，汉语文辞书有多种检字法，不管使用哪一种，汉字的其他属性都不受影响、不发生改变，自然不会使“汉语、汉音、汉字的所有规律性都会被打乱”，也不会“无法从这两部字典中看出汉字音形义一体的体系”。文章几次说到“汉字音形义一体的体系”，和汉字学家说的“汉字是形音义的统一体”含义不同。汉字记录的是汉语语素，而语素是音义结合体，因此汉字既有形又有来自语素的音和义；拼音文字的字母则只有形和音，没有义。例如：汉字“书”，形是4笔，音是shū，义是“成本的著作”；而英文的字母b，形是b，音是双唇浊塞音，没有义。《新华字典》《现代汉语词典》采用拼音字母排序，汉字音形义一体的体系丝毫不受影响。一本辞书总要有固定的排列法和检字法，如果否定音序法，却没有提出任何一种替代的方法，我们以后还怎么编辞书呢？

二

文章说：“以语音为核心是中国古代字典的固有传统。”“汉朝时候的字典有扬雄的《方言》，许慎的《说文解字》，刘熙的《释名》。除了《说文解字》是形旁系统，其他的字典都是声训系统。”“南朝之《玉篇》，隋朝之《切韵》……，无不遵循语音核心的体系。”这些观点也有待商榷。

第一，中国古代字典并不是以语音为核心，而是以训诂为核心，目的是解释字义。王力先生在其著作《中国语言学史》中说：“在中国语言学史上，训诂学最先出现，这是合乎发展规律的。汉语的特点决定了这样一个发展道路。印度在纪元前2世纪或3世纪产生了一部梵语语法（巴倪尼语法）。中国上古时代不需要这样一部语法，因为汉语是分析语，很少形态变化。在梵语语法中，语音是语法的组成部分，所以语音学在古印度也很发达。中国则由于汉字不是拼音文字，语音学的产生也要晚一些。只有训诂学是最能适应社会需要的，所以训诂学首先产生了。”这个道理同样适用于汉语辞书。

第二，《说文解字》使用的字符主要是意符和音符，而不是形符；扬雄的《方言》是用通语解释方言词汇的，不是什么声训系统；刘熙的《释名》用了声训，有许多牵强附会的地方，在汉代以至后世的字书里都不占优势；“南朝之《玉篇》”仿照《说文》用部首排序，怎么也变成了“语音核心”？

三

文章说：“‘形旁表义，声旁表音’，这不是我们传统的表述方式。形声字的形旁和声旁都是表义的，声旁还兼表音，形声字仍是音形义的一体。”这与《说文解字》关于形声字的定义“形声者以事为名，取譬相成，江河是也”并不相符。符合文章说法的字不是形声字，而是会意兼形声字。例如 ：“禮，履也。所以事神致福也。从示从豊，豊亦声。”

文章说：“汉字从象形开始，进行反复叠加，始终坚持着音形义一体。在别的民族都束手无策、退而求其次的时候，只有我们的祖先找到了一条可以发展象形文字的路。”汉字的发展有许多规律：从字体说，由先秦的篆体到秦汉以后的隶体和楷体；从造字法说，从先秦的“六书”到隶变后产生了记号字和半记号字等，但不是只靠“反复叠加”，走的也不是“发展象形文字的路”。世界文字有两大类型，一类是以汉字为代表的语素文字，或称意音文字，另一类是以英文为代表的拼音文字。这两类文字各有自己的文化传统和适用的语言类型，可以互相借鉴，但是互不取代，独立发展。至少在目前，它们都充满活力，为本民族社会服务。汉字不是万能的，而拼音文字也并非“束手无策”“退而求其次”。比较文字学还很年轻，许多文字的奥秘还有待我们去研究探索。

文章说：“我们未来一定要改革这四本字典，……让我们去编辑新的也是真实的汉字字典、词典和汉英词典。”自新中国成立以来，我国辞书事业有了很大的发展。目前，辞书主要门类大体齐全，而且有一批高质量的作品。中国辞书目前的状况与国家发展的需要大体适应。以汉字字典为例，既有供学术研究使用的多卷本《汉语大字典》，也有供非专业人员使用、收字量不同的汉字字典，读者可以根据需要选用。这些都是真实的。社会在发展，汉语汉字也在发展。我们是辞书大国，但还不是辞书强国。要想尽快使我国进入辞书强国之列，有许多条件。单从学术上说，要抛弃似是而非的种种臆说，科学地阐释汉语汉字，把语言文字学的基础打牢。

（《语言文字报》，2017 年 8 月 11 日）

汉字的分化与合并

汉字在发展中不断地进行分化与合并。先说汉字的分化。一个字在刚产生的时候是单义的，在使用过程中由于字义的引申和假借，许多字变成了多义。这种发展使字义变得丰富多姿，适应了交际的需要。一个多义字进入句子后受结构和语境的筛选呈现为单义。例如“走”这个字，基本义是离去，引申义是去世。在“他有急事刚走”里的“走”是离去，在“昨天晚上他不幸走了，大家十分悲痛”里的“走”是去世。如果结构和语境不能把多义变为单义，就会产生歧义。例如“我借他一百块钱”，这个句子里的“借”既可以指借出，也可以指借入，造成了歧义。歧义妨碍信息的交流，造成语病。一个多义字如果很容易产生歧义，就要设法加以分化，把它所负担的职务分散给两个或几个字，尽量实现专字专用。有的多义字造成歧义的机会不多，但是为了使某一意义表现得更为清晰明确，有时也要给它分化。汉字里既需要有单义字，也需要有多义字。那种希望把所有多义字都分化为单义字的想法不切实际，也无法做到。汉字多义字分化的例子很多，分化的方法也是多样，分化出来的字与它从出的母字在字形上多数有一定的联系。例如：

“羞”分化出“馐”。“羞”本指进献食品，是从羊从丑的会意字。其中的“丑”指手，“羊”代表美味的食品。“羞”又假借为羞愧。为了分化本义与假借义，于是加意符“食”分化出从饣羞声的形声字“馐”，专门表示美味，如：珍馐。让“羞”专门表示假借义羞愧。

“荼”分化出“茶”。“荼”本指苦菜，是从艸余声的形声字，读为tú。因为茶的味道也是苦的，“荼”由苦菜引申出茶树的“茶”。为了分化“荼”与“茶”，于是把“荼”减去一横画成为“茶”。六朝以后，“茶”读音也改变为chá。

“颠”分化出“巅”。“颠”指头顶，引申泛指最高最上的部分，如：树颠、塔颠。山顶义原也用“颠”，但由于常用，为了使它突出，就在“颠”字上增加意符“山”分化出“巅”字。例如：“我站在高山之巅，望黄河滚滚奔向东南。”

“熏”分化出“窨”。“熏”本指气味或烟气接触物品，如：熏鱼、熏肉。熏的对象也可以是茶叶。因为熏过的茶叶味道不同一般，受到欢迎。为了突出熏制这道工序，由“熏”分化出从穴音声的“窨”字，特指窨茶叶。

“等”分化出“戥”。“等”本指整齐，引申为等级。《管子·五辅》：“上下有义，贵贱有分，长幼有等，贫富有度。”再引申为分别金银和珍贵物品质量等级的器皿。《通俗编·器用》：“等，以别金银等次立名。宋·张世南《宦游纪闻》云：‘宁和殿有玉等子，以诸色玉次第排定。凡玉至比之，高下自见。’此其制别义同。”（制别义同：办法不一样可道理相同。）转指为称金银的小秤。《醒世恒言·卖油郎独占花魁》：“卖油的多少银子，要架天平？只把个五两头的等子与他，还怕用不着头纽哩。”后来由“等”字分化出“戥”字作为专字。《红楼梦》第四十八回：“虽说做买卖，究竟戥子、算盘，从没拿过。”

“句”分化出“勾”。“句”本义为弯曲，是从口丩声的形声字，读gōu。引申为钩状物，又引申为钩形笔画，用作书面语里句子的标志，就是章句的“句”。后来这两项引申义的用字发生了分化，把“句”

中的“口”改为“厶”，就由“句”分化出“勾”。“句”字专用来表示句子，改读为 jù；“勾”字则专用来表示钩状物，读 gōu，后加金旁成为“钩”。

“交”分化出“跤”。“交”的本义是前后交叉着的小腿，又假借为跟头。《水浒》第三回：“鲁达焦躁，把那看的人，一推一交。”后来给表示跟头的“交”字加意符“足”分化出“跤”字。《红楼梦》第二十五回：“（小红）被门槛绊了一跤。”

“夫（fú）容”本指“荷花”。为了与丈夫的“夫”和容貌的“容”相区别，指荷花的“夫容”分别加意符“艸”成为“芙蓉”。钮树玉《说文新附考》：“汉书司马相如及扬雄传中，夫容并不加艸，《博雅》《玉篇》已作芙蓉。”

汉字分化就是要做到专字专用，可以使意思表达得更为明确，也避免产生歧义。分化有利也有弊，弊主要是增加了书写笔画，增加了字数，给应用增加了不便，因此对分化字要适当控制，不要泛滥。有的分化字产生以后并不通行。例如：燃烧的“燃”本作“然”，是从火肰声的形声字，假借为然诺的“然”。为了分化本义与假借义，产生了从火然声的“燃”字表示本义，沿用至今。同时然诺的“然”也有个分化字“嘫”。《说文·口部》：“嘫，语声也。从口然声。”这个字并未通行。也有的分化字后来又并入母字。例如：“果”分化出“菓”，表示果实。《广韵·果韵》：“果，俗作菓。”《汉书·叔孙通传》：“古者有尝春菓。”“菓”后来又并入“果”。“念”分化出“唸”。《说文·心部》：“念，常思也。从心，今声。”指思念、怀念。假借表示诵读，把文字读出声音。《东京梦华录·河东》：“有瞽者（盲人）在桥上念经求化。”有人为诵读这个假借义的“念”造分化字“唸”。《原野》第一幕：“常五伯，我在唸经呢，等等，我就唸完喽。”“唸”字不通行，后又并入“念”。

现在说汉字的合并。汉字字数很多，构造复杂，是造成汉字难学难用的原因之一。汉字的适度合并可以减少字数，提高汉字学习和应用的效率，是汉字发展中常见的现象。汉字的合并就是把原来由两三个字分担的职务改由一个汉字承担，增加合并后的汉字的职务。A与B合并为C是合并，A并入B或B并入A也是合并。汉字合并是有条件的，不是随意想合并就可以合并。合并的条件大体是形、音、义三方面至少有一方面相同或近似。例如：

“歎”与“嘆”合并。“歎、嘆”的意义本来不同。根据《说文》，“歎”表示吟诵，“嘆”表示叹息。清代文字学家段玉裁在《说文解字注》“嘆”下说：“歎近于喜，嘆近于哀。”他在“歎”字下还说：“古歎与嘆义别，歎与喜乐为类，嘆与怒哀为类。”后来这两个字合而为一。“嘆”为规范字，简化为“叹”，“歎”为“嘆”的异体字。现在“叹”是多义字，兼有原来“歎”和“嘆”的意义。

“貣”并入“貸”。《说文・贝部》：“贷，施也。”指借出，读 dài。另有：“貣，从人求物也。”指借入，读 tè。古代文献里，“贷、貣”常混用；后世“貣”并入“贷”，读 dài。

甲胄的“胄”与后裔的“胄”合并。这两个字在古文字里形义不同。《说文・冃部》：“胄，兜鍪也。从冃，由声。”兜鍪即后世的头盔。《说文・肉部》：“胄，胤。从肉，由声。”指后裔。这两个字都读 zhòu。在隶书楷书里合并为一个字。

“叚”并入“假”。“叚”的本义是借。“假”是多义字，其中的一个意义也是借。《左传・成公二年》：“唯器与名，不可以假人。”唐代孔颖达解释说：“唯车服之器与爵号之名不可以借人也。”后来“叚”并入“假”。

“孃”并入“娘”。这两个字读音相同，形义不同。“孃”指母亲，

“娘”指姑娘。段玉裁《说文解字注》“孃”字下说：“《广韵》孃，女良切，母称。娘，亦女良切，少女之号。唐人此二字分用画然，故耶孃字断无有作娘者，今人乃罕知之矣。”后世“孃”并入“娘”。现在“娘”是规范字，兼有母亲和姑娘的意义。“孃”是“娘”的异体字。

“痣”并入“记”。“痣”是古白话文用字，大约是从记字分化出来的，使用一阵后又并回母字。《红楼梦》第四回：“且他眉心中原有米粒大的一点胭脂痣，从胎里带来的。”《水浒全传》第十六回：“一个鬓边老大一搭朱砂记。”冰心《我的童年》：“可是老姨太总不让我光着膀子，说我背上的那块蓝‘记’是我的前生父母给涂上的，让他们看见了就来讨人了。”

20 世纪 60 年代推行汉字简化，要做到既简化笔画又减少字数。为了减少字数合并了一些繁体字。例如：“復複”合并简化为“复”，“穫獲”合并简化为“获”，“縴纖”合并简化为“纤”，“蘇囌”合并简化为“苏”，“臺檯颱”合并简化为“台”，“壇罎”合并简化为“坛”，“團糰”合并简化为“团”，“係繫”合并简化为“系”，“臟髒”合并简化为“脏”，“隻衹”合并简化为“只”，“鐘鍾”合并简化为“钟”，“當噹”合并简化为“当”，“發髮”合并简化为“发”，“滙彙”合并简化为“汇”，“盡儘”合并简化为“尽”，“歷曆”合并简化为“历”，“鹵滷”合并简化为“卤”，“擺襬”合并简化为“摆”，“彌瀰”合并简化为“弥”。这样合并后，增加了多音多义字。例如：“縴纖”合并简化为“纤”。“纤”既有“纖”的音义，读 xiān，指细小；又有“縴”的音义，读 qiàn，指拉船的绳索。“盡儘”合并简化为“尽”。“尽”既有“盡”的音义，读 jìn，表示完毕，如：用尽力气；又有“儘”的音义，读 jǐn，指极、最，如：尽里头。

汉字简化中的同音代替近音代替，实际也是在进行合并。例如：

“舍”原来读 shè，指房舍。“捨弃”的“捨”简化为“舍”后，“舍”增加 shě 的读音和舍弃的字义。

1955 年 12 月 22 日发布的《第一批异体字整理表》，其中有些字组可以看作合并简化。例如：“獃騃”合并简化为“呆”，“鬨鬩”合并简化为“哄”，“跡蹟”合并简化为“迹”，“崑崐”合并简化为“昆”，“陞昇”合并简化为“升”，“劄箚”合并简化为“札”，“紮紥”合并简化为“扎”。

1965 年推行印刷新字形，造成了一些偏旁的合并。例如：“幵”(jiān)旁改为“开”，“研訮妍”变成了“研訮妍”，原来表音的“幵”不再表音。

汉字合并可以减少字数，但是不能造成表达意思的混淆。例如：把多馀、剩馀的“馀”简化为“余”，使得“余年不多”这类结构产生歧义，既可以是说我的岁月不多，也可以是说剩余的岁月不多，《简化字总表》不得不调整为“在余和馀意义可能混淆时，仍用馀”。“曚濛懞”合并简化为“蒙”，“蒙蒙”不知是“雨濛濛”，还是表示模糊不清的“曚曚”。另外，汉字合并本来是为了便于应用，如果合中又有分，使字际关系复杂化，反而给使用增加了麻烦。例如：“幹乾”合并简化为“干”，干支的“干”读 gān。合并简化后，“干”不但增加了 gàn 的读音，而且还规定要分化“乾”字。当“乾”读 gān 表示干燥义时简化为“干”，读 qián 用于乾隆、乾坤等义时不简化。《简化字总表》把“鍾鐘”合并简化为“钟”，鍾是容器，鐘是乐器，合并简化后不发生混淆。可是《通用规范汉字表》规定：“鍾：用于姓氏人名时可简化作‘锺’。”这样的规定给使用增加了困难。按照这个规定就会出现“钱锺书钟爱读书”这样的“锺、钟”混用。

总之，分化是为了精确地记录语词，但是要增加字数；合并是为了减少字数，但是要保证精确地表达意思。分化与合并相互作用，使得汉字系统既能精确表达，又不使字数增加很多，使汉字适应汉语的发展，更好地为交际服务。

（《咬文嚼字》，2018 年第 2—3 期）

汉字简体和繁体的转换

1956年国家推行汉字简化以后，汉字文本出现了繁体和简体两种体式，随之而来的是不时需要进行繁简转换或简繁转换。进行转换的繁简两个字，音义必须相同，只是形体上有繁有简。

先说由简到繁的转换。这种转换大多数是一简对一繁，如：马—馬、击—擊、凿—鑿、钢—鋼；而有少部分是一简对多繁。对这样的简化字，要根据字义或者连同字音加以分化，转换为不同的繁体字。下面举出十组例字来说明：

复—復複。“复”表示回答、返回、还原等义时转换为“復”，如：復仇|復命|復信|復員|復辟|復原|反復|恢復|光復|報復|答復（也作答覆）|死灰復燃|故態復萌|無以復加|一去不復返；表示相重、非单一的等义时转换为“複”，如：複數|複寫|複印|複利|複眼|複方|重複|繁複|錯綜複雜。

汇—匯彙。“汇”表示河流会合、汇兑等义时转换为“匯”，如：匯款|匯率|外匯|創匯|交匯|匯成巨流|百川所匯；表示聚集、聚集而成的事物等义时转换为“彙”，如：彙報|彙演|彙總|彙編|詞彙|語彙|彙印成書。

获—獲穫。“获”表示得到、拿住等义时转换为“獲”，如：獲獎|獲勝|獲利|捕獲|拿獲|如獲至寶|不勞而獲；表示收割义时转换为“穫”，如：收穫。

历—歷曆。“历”表示经过、过去等义时转换为“歷”，如：歷史|歷程|歷練|歷朝|歷代|學歷|資歷|歷經磨難|歷久彌新；表示推算年、月、日、节气等得出的结果时转换为“曆”，如：曆法|曆書|日曆|公曆|夏曆。

钟—鐘鍾。“钟”表示响器、计时器等义时转换为“鐘”，如：鐘鼓|鐘樓|鐘錶|警鐘|時鐘|晨鐘暮鼓；表示情感等集中或杯子等义时转换为“鍾”，如：鍾情|鍾愛|茶鍾（或作茶盅）|老態龍鍾|情有獨鍾。《通用规范汉字表》规定：“鍾：用于姓氏人名时可简化作‘锺’。”

台—臺檯颱。“台”表示高而平的建筑物等义时转换为“臺”，如：臺榭|臺階|舞臺|搭臺|檢閱臺|瞭望臺|亭臺樓閣|近水樓臺；“台湾”在繁体文本里写作“臺灣”；表示桌子或类似桌子的家具时转换为“檯”，如：檯布|檯燈|展檯|操縱檯|梳妝檯|寫字檯；“台风”在繁体文本里写作“颱風”。

发—發髮。“发”读 fā，表示发表、发出时转换为“發”，如：發表|發言|發射|出發|頒發|發號施令|發人深省|百發百中|英姿煥發；读 fà，表示毛发时转换为“髮”，如：髮型|髮菜|鬢髮|理髮|頭髮|怒髮衝冠|令人髮指|千鈞一髮。

尽—盡儘。“尽”读 jìn，表示完、全部等义时转换为“盡”，如：竭盡|耗盡|盡人皆知|盡善盡美|趕盡殺絶|鳥盡弓藏|前功盡棄|仁至義盡；读 jǐn，表示最、力求达到最大可能等义时转换为“儘”，如：儘快|儘量|儘管|儘先|儘早|儘可能|先儘老人走。

纤—纖縴。“纤”读 xiān，表示细小等义时转换为“纖”，如：纖塵|纖介|纖細|纖維|纖弱|纖悉；读 qiàn，表示拉船的大绳时转换为“縴”。如：縴繩|縴夫|拉縴。

脏—髒臟。“脏”读 zāng，表示污秽、粗野等义时转换为“髒”，

如：髒水|髒話|髒東西|髒衣服；读 zàng，表示人或某些动物身体内部的器官时转换为“臟”，如：臟器|臟腑|内臟|五臟|心臟|肝臟。

由简体转换为繁体时常见的错误是把与简化字字形相同，而字义或连同字音都不同的字，也当作简化字加以转换。例如：

淀—澱。表示沉在水底的淤积物的“淀”，在繁体文本里转化为“澱”，“淀粉|沉淀|积淀”转换为“澱粉|沉澱|積澱”；而表示浅水的湖泊义的“淀”是另外的一个字，不分简体和繁体，不涉及简繁体的转换。“海淀|茶淀|白洋淀”在繁体字文本里也这样写，不能转换为“海澱|茶澱|白洋澱”。

里—裏。里外的“里”在繁体文本里转换为“裏”，“里面|里间|心里|家里|里应外合|表里如一|鞭辟入里”转换为“裏面|裏間|心裏|家裏|裏應外合|表裏如一|鞭辟入裏”；而表示里程、邻里的“里”不分简体和繁体，不涉及简繁体的转换。“里弄|里程|故里|乡里|邻里|一日千里”在繁体字文本里写为“里弄|里程|故里|鄉里|鄰里|一日千里”，其中的“里”不能写为“裏”。

后—後。前后的“后”在繁体文本里转换为“後”，“后门|后楼|后辈|后代|后继有人|瞻前顾后”转换为“後門|後樓|後輩|後代|後繼有人|瞻前顧後”；而表示皇后的“后”不分简体和繁体，不涉及简繁体的转换。“后妃|西太后|萧太后”在繁体字文本里写为“后妃|西太后|蕭太后”，其中的“后”不能写为“後”。

征—徵。表示召集、寻求的“征”在繁体文本里转换为“徵”，“征兵|征收|征购|征婚|征稿”转换为“徵兵|徵收|徵購|徵婚|徵稿”；而表示远行、征讨等义的“征”不分简体和繁体，不涉及简繁体的转换。“征程|征战|长征”在繁体文本里写为“征程|征戰|長征”，其中的“征”不能写为“徵”。

几—幾。“几”读 jǐ,用于询问数目或表示不定数目时转换为“幾”,“几时|几个|第几”转换为“幾時|幾個|第幾”;读 jī,用于“几乎、几率、庶几”等词语时转换为“幾乎|幾率|庶幾”。可是表示几案的“几”读 jī,不分简体和繁体,不涉及简繁体的转换。“茶几、条几、窗明几净”在繁体文本里写为“茶几、條几、窗明几净”,其中的“几”不能写为“幾”。

繁体转换为简体时,一对一占大多数,没有困难,难点在有的繁体不是整体转换,而是部分转换。例如:

瞭—了。“瞭”读 liǎo,表示明白时,转换为“了”,如:“了解”;读 liào,表示远望时不转换,仍作“瞭”,如:“瞭哨|瞭望哨”。

乾—干。“乾”读 gān,表示没有水分或水分少时,转换为“干”,如:“干燥|晒干|烘干”;读 qián,在“乾隆、乾坤、乾县、乾陵、乾元(年号)、萧乾(作家)”等词语中不转换,仍作“乾”。

藉—借。“藉”读 jiè,“藉口|凭藉”的“藉”转换为“借”;读 jí,“慰藉、狼藉”的“藉”不转换,仍作“藉”。

穀—谷。“穀”表示庄稼或粮食作物时,转换为“谷”,如:“谷草|谷物|谷雨|五谷丰登|播种百谷”;在“不穀(古代王侯的自称)|穀梁(复姓)|穀梁传”等词语中不转换,仍作“穀”。

(《咬文嚼字》,2018 年第 4 期)

引申义的读法与写法

为了适应社会交际的需要，许多词由本义孳生出若干引申义。多数引申义的读法和写法与本义是相同的。例如，“向”的本义是朝北的窗户。《诗·豳(bīn)风·七月》：“塞向墐(jǐn)户。”(塞好朝北的窗户，用泥涂好柴门)由朝北的窗户引申为朝着、对着，《庄子·秋水》：“(河伯)望洋向若而叹。”(若：海神名。)又如，“道”的本义是道路。《诗·秦风·蒹葭》：“道阻且长。”引申为达到道德标准的途径。《论语·里仁》：“朝闻道，夕死可矣。”

一个词既有本义又有引申义构成多义，进入句子后多义筛选为单义。交际时用的是本义还是引申义，主要靠语境等来分辨。如果语境不能完全分辨就会产生歧义。为了在口语里明确区分本义和引申义，有的引申义要改变读音。例如，“行”的本义是道路。《广韵》胡郎切，读 háng。《诗·小雅·小弁》“行有死人，尚或墐(jǐn)之。”(尚或墐之：可能还有人把他埋葬)道路是供行走的，由道路引申出行走义。《广韵》户庚切，读 xíng。《墨子·公输》：“行十日十夜，而至于郢。”又如，“食”的本义是吃。《广韵》乘力切，读 shí。《战国策·齐策》：“长铗(jiá)归来乎，食无鱼。”(铗：剑把，这里指剑)引申为给吃。《集韵》祥吏切，读 sì。《战国策·齐策》：“左右以君贱之也，食以草具。”(草具：粗恶的饮食)改变读音可以明确引申义，这是长处；而增加了多音字，会加重学习的负担，这是短处。

为了在书面语里明确区分本义和引申义，有时要为引申义另造新字。例如，“田”的本义是田野。《易·乾》：“见龙在田。”因为打猎要在田野里进行，由田地的本义引申为打猎。《孟子·梁惠王下》：“今王田猎于此。”为了在书面语里显示打猎是与本义不同的引申义，造出了“畋”字。司马相如《子虚赋》：“楚使子虚使于齐，王悉发车骑，与使者出畋。”又如，“胙”的本义是祭祀时求福用的肉。《左传·僖公四年》：“太子祭于曲沃，归胙于公。”引申转指福。为了在书面语里显示福是引申义，造出了“祚”字。《诗·大雅·既醉》：“君子万年，永锡祚胤。”（永锡祚胤：永远赐福给子孙）改写的结果是增加了新字。汉字字数本已很多，再增加字数，不利于学习和应用。

有的引申义读法和写法都有变化。例如，“解”本义是分解。《广韵》佳买切，读 jiě。《庄子·养生主》：“庖丁为文惠君解牛。”引申为懈怠。《广韵》古隘切，读 xiè，后造懈字。《吕氏春秋·古乐》：“禹立，勤劳天下，日夜不懈。”又如，“背”的本义指脊背。《广韵》补妹切，读 bèi。《庄子·逍遥游》：“鹏之背，不知其几千里也。”脊背在身体的后面，引申为隐瞒，仍读 bèi。元杂剧《倩女离魂》：“王生也，我背者母亲，一径地赶将你来，咱同上京去罢。”脊背的另一引申义为用脊背驮，改读 bēi，这个引申义开始也写“背”。李商隐《李贺小传》：“从小奚奴，骑疲驴，背一古破锦囊。”后造“偝”字。《清平山堂话本·西湖三塔记》：“说罢，宣赞闭了眼，卯奴偝了。”（卯奴：人名）1955 年文化部和文改会发布的《第一批异体字整理表》把“揹”作为“背”的异体淘汰，有时会遇到麻烦。例如：“一名父亲背着女儿走在北京街头。”不知这个“背”指的是隐瞒还是用脊背驮，解决的办法只能是加大语境，增加提供的信息。

引申义的改读或改写，在文言文中经常遇到。了解有关的知识，对于正确阅读古籍会有帮助。

（《语言文字报》，2015年12月9日）

人民币上的文字

人民币上有五种文字，就是：汉字、蒙文、藏文、维文和壮文。下面以面值一百元的人民币为例略加说明。

汉字是国家通用文字，是国内各民族间交际的工具。汉字是汉民族的祖先创造的文字，自殷商甲骨文算起已有三千四百多年，一直延续至今，未曾中断。汉字记录的是汉语的语素，所以叫语素文字；构成汉字的字符主要是意符和音符，所以也叫意音文字。例如，“沐”字记录的是汉语“沐”这个语素，它的意义指洗头，由“水”和“木”两个字符组成，“水”表意，是意符；“木”表音，是音符。汉字数字有大写和小写两套，小写是“一二三四五六七八九十百千万”，大写是“壹贰叁肆伍陆柒捌玖拾佰仟萬”。人民币上用的是大写数字。大写数字里的“贰陆”是简化字，相对应的繁体字是“貳陸”。新中国建立后，对汉字进行了简化。人民币上“中国人民银行”里的“国”和“银”是简化字，和简化字相对应的繁体字是“中國人民銀行”。人民币上还有辅助汉字的汉语拼音，汉语拼音用在背面两个地方，“中国人民银行100”写作“ZHONGGUO RENMIN YINHANG 100”，另一个地方是“圆”写作 YUAN。

人民币背面的右上角有四种少数民族文字，意思是“中国人民银行100”。这四种少数民族文字左上是蒙文，右上是藏文，左下是维文，右下是壮文。从形体上，这四种民族文字比较容易分辨。蒙文从上向下竖写，行款是从左向右。藏文印刷体辅音的上部都有一横，基本齐平。维文是流线体，从右向左书写。壮文用的是拉丁字母，与汉语拼音字母相同。

蒙文也叫蒙古文，用来记录蒙古语。蒙文创始于13世纪，字母读音、拼写规则、行款都和回鹘文相似，称作回鹘式蒙文。蒙文经过陆续改进，字母数目逐渐增多，拼写法日趋严密，到17世纪发展成为现行蒙文。现行蒙文有29个字母，其中5个是元音，24个是辅音。蒙文字母的写法在词首、词中、词末各有一定的变化，更便于联写。蒙文基本上是按词为单位拼写。在清代，蒙文和满文几乎享有同等崇高的地位，许多皇家建筑的匾额都是用汉、满、蒙、藏四种文字合璧书写。这一时期为我们留下了卷帙浩繁的《蒙文大藏经》。

藏文是用来记录藏语的。公元7世纪，松赞干布建立吐蕃王朝后，派他的大臣图米桑布札赴天竺（古印度）学习梵文和佛法，学成回国后仿照印度梵文的天成体创造了藏文。藏文是表音文字，有34个字母，其中有4个元音和30个辅音。藏文自左向右横排，词不分写，音节后加点表示音节界限。藏文的正字法进行过三次大的变革，使藏文更加简明，最后形成了现在的藏文。藏文字母的数量和单词拼写法都适合藏语的特点，至今使用了1400多年。历史上用藏文书写和编译的文物十分丰富，对于藏族文化的发展起了很大的作用。著名的《长庆会盟碑》建于唐长庆三年（公元823年）。元代已编成《甘珠尔》和《丹珠尔》两大佛学丛书。

维吾尔文简称维文，是用来记录维吾尔语的。公元7世纪，维吾尔族就用突厥文作为文字。到了10世纪，随着佛教的传入，回鹘文代替了突厥文。11世纪，随着伊斯兰教传入新疆，阿拉伯文代替了回鹘文，成为现代的维吾尔文，自右向左横写。维吾尔族在1965年至1982年间推行过以拉丁字母为基础的新文字,主要在学校中使用。1982年9月起恢复使用老文字。现行的维文有32个字母,其中有8个元音,24个辅音。为了便于连写,字母在独用或出现在字首、字中、字末时有不同的写法。

壮文,是记录壮语的。壮族原有一种方块壮字,是借用汉字或者仿照汉字自造的汉字类型的字,有很多异体字,各地写法不统一。掌握的人数很有限,没有成为正式通行的文字。1955年创制了以拉丁字母为基础的拼音壮文,1957年开始用来扫盲,"文革"时停止推行。1980年5月,广西壮族自治区党委和政府积极筹备恢复壮文培训、出版和推行等有关机构,同时对壮文方案做了部分修改,废除26个拉丁字母以外的字母。修订后的壮文方案于1982年3月20日公布推行。壮文在学校教育、科学培养、新闻出版、文艺创作、壮族研究、对外交流等方面都发挥了很大的作用。

(《咬文嚼字》,2017年第6期)

声音传递与汉字演变

语言是语音、语义的结合体，听起来它是一连串包含着意义的声音。语音和其他的声音一样，传递时要有发出声音和接收声音两个方面。如果只有一个方面，声音的传递就无法进行，古人懂得这个道理。从人的器官说，发出声音靠的是“口”，接收声音靠的是“耳”。从一些迹象推断，在原始文字产生之初，可能出现了一个从口从耳的会意字，表示声音的传输。这个字甲骨文作，从一耳一口；也作，从一耳二口。一口和二口意思是一样的。它既用来表示发出声音，又用来表示接收声音，交际时要靠语境加以分辨。社会发展了，要求文字和语言密切结合，要求区分发出声音和接收声音，于是在已有的或的基础上逐渐分化，分化出声和听。

先说声音的发出。甲骨文里有，这个字有两个部分。下面就是，上面是手持槌棒击打石磬以发出声音。把击打石磬这个字符加在的上面，指明这里的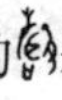表示的是声音的发出。这是“聲”字的初文。甲骨文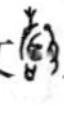发展为小篆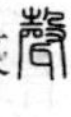，省去了原有的“口”。因为有了击磬发声这个字符，自然就没有必要再保留“口”。《说文》认为小篆是从耳殸(qìng)声的形声字。小篆的“聲”演变为隶楷的“聲”，汉字简化时“聲”简化为“声”。

再说声音的接收。聪明的古人要想办法突出里面的耳朵，以强调耳的接收功能。甲骨文里有，像人的头部有一个大耳朵，同时还保留了里的“口”，指明里的耳是和发出声音的“口”相对的接收声音的器官。甲骨文是“聽”的初文，字形一般隶定为“聖”。我们可以在甲骨文里看到用例。《殷虚文字缀合》261 号有“有聖”，《殷虚文字乙编》6533 号有“亡其聖”，这两个“聖”读为“聽”，指聽闻。经过了近千年的发展，殷商甲骨文演变为《说文》小篆，甲骨文里的人讹变为，读 tǐng，与“口”组合为呈。《说文》认为小篆是从耳呈声的形声字。同时“聖”的字义也有发展。徐中舒主编的《甲骨文字典》指出：“聖”这个字“既言其听觉功能之精通，又谓其效果之明确。故其引申义亦训通、训明、训贤，乃至以精通者为聖”。这个“聖”有了这么多的引申义，同时还要表示本义“聽”，可能产生混淆。为了解决这个问题，古人为“聖”的本义另造“聽”字，让“聖”专门表示上述那些引申义，汉字简化时“聖”简化为“圣”。小篆“聽”作，它与甲骨文的联系十分明显。把里的“口”换成“悳”，就成为小篆“聽”。《说文》：“聽，聆也。”由耳、悳会意，声。段玉裁《说文解字注》“聽”字注：“耳悳者，耳有所得也。”“悳”与“得”古音相同，“悳”通“得”，指得到、获得。小篆“聽”演变为隶楷“聽”，汉字简化时“聽”简化为“听”。

（《语言文字报》，2016 年 8 月 3 日）

联系诗词的平仄谈汉字声调的变化

汉语是有声调的语言，声调能区别意义。在普通话里，音节 mai 读上声时是“买”，读去声时是“卖”。声调的类别古今不同，个别字所属的声调类别古今也常有变化。上古汉语的声调情况学者间认识并不一致，这里略去不谈。魏晋以后共同语有四个声调，就是平声、上声、去声和入声。现代汉语的吴方言、粤方言、闽方言等还保留着入声，而北方许多方言和西南方言里的入声已经消失，原来读入声的字改读为其他声调。现代普通话的四声是阴平、阳平、上声和去声。

我国的古典诗词很讲究格律，以声调为支撑的平仄是格律的重要组成部分。所谓“平”指平声，包括现在的阴平和阳平；所谓“仄”指的是上去入三声，“仄”的意思就是不平。古典诗词有严格的平仄格式，让平仄互相交错以显示语言的音韵美。例如：

春夜喜雨　　杜甫

好雨知时节，当春乃发生。	仄仄平平仄，平平仄仄平。
随风潜入夜，润物细无声。	平平平仄仄，仄仄仄平平。
野径云俱黑，江船火独明。	仄仄平平仄，平平仄仄平。
晓看红湿处，花重锦官城。	平平平仄仄，仄仄仄平平。

诗中的“节、发、入、物、黑、独、湿”是入声字。画圈的字表示可平可仄。

有一批字的声调古今不同。要了解某个字在中古时的声调，可以查阅《广韵》《集韵》等韵书，同时还可以参考唐宋诗词的平仄格式。下面举出四个字来略作说明：

一、看。“看”的意思是视，今音读 kàn，属仄声。《广韵·寒韵》：“看，视也。古寒切。”《广韵》寒韵字在中古都读平声，按平仄说属平声，折合成今音是 kān。唐·李白《望庐山瀑布》：“日照香炉生紫烟，遥看瀑布挂前川。”按照七绝的平仄格式，遥看的“看”属平声，读 kān。“遥看”不能改为“遥望”，因为“望”读去声，属于仄声，与七绝的平仄格式不合。宋·苏轼《题西林壁》：“横看成岭侧成峰，远近高低各不同。”横看的“看”与遥看的“看”相同，中古读平声，不读去声。

二、笼。“笼”的意思是遮盖、罩住，今音读 lǒng，属仄声。《广韵·东韵》：“笼，《西京杂记》曰：‘汉制，天子以象牙为火笼。’卢红切。”《广韵》东韵字在中古都读平声，按平仄说属平声，折合成今音是 lóng。唐·杜牧《泊秦淮》：“烟笼寒水月笼沙，夜泊秦淮近酒家。”根据平仄格式，第一句里的两个“笼”都属于平声，读 lóng。这个“笼”如果按今音读为 lǒng 就成了仄声，与平仄格式不合。宋·秦观《沁园春·春思》词：“宿霭迷空，腻云笼日，昼景渐长。”《沁园春》开头一句的平仄格式是：㊀仄平平，㊀平平仄，仄仄仄平。“腻云笼日”的“笼”属于平声，折合成今音读 lóng，不读上声，如果读成上声就违背了平仄格式的要求。

三、黑。“黑”的意思是像煤或墨的颜色，今音读 hēi，属平声。《广韵·德韵》：“黑，北方色。呼北切。”《广韵》德韵字都读入声，“黑”字带有塞音韵尾，有点像广州话的读法，属仄声。唐·杜甫《春夜喜雨》：“野径云俱黑，江船火独明。”按平仄格式“黑”属仄声。唐·卢纶《塞下曲》四首之三：“月黑雁飞高，单于夜遁逃。”按照平仄格式，月黑的“黑”属仄声，一定不属于平声。

四、出。“出”跟“进”“入”相对，今音读 chū，属平声。《广韵·术韵》：“出，进也，见也，远也。赤律切。”《广韵》术韵字都读入声，“出”字带有塞音韵尾，有点像广州话的读法，属仄声。唐·王维《谓城曲》：“劝君更尽一杯酒，西出阳关无故人。”按平仄格式，西出的“出”属仄声，不属于平声。唐·白居易《忆江南》：“日出江花红胜火，春来江水绿如蓝。”按平仄格式，日出的“出”属仄声，一定不属于平声。

通过上面对这四个字的分析，我们想说明的是有些汉字的声调古今不同，平仄不同，读音也有改变。既然如此，我们是不是可以按古音来朗读这些诗词呢？不可以。虽然语言学家知道这些诗词在唐宋时的读法，但是听众是现代人，不懂唐宋古音，所以还是要按普通话来读。按普通话来读，有些诗词的平仄格式会发生变化，影响了平仄的格律美，这是没有办法的事。等到对这些古典作品的格律进行分析时，再讲明一些字古音的读法和它所出现的平仄格式就行了。

（《咬文嚼字》，2016 年第 10 期）

“气”字的本义、引申义和假借义

“气”字在甲骨文、金文中作三横画，上下两画较长，中间一画略短。“气”是象形字，像云起的样子，是云气之气。甲骨文“三”字是等长的三横画，与“气”形体相似，容易相混。为了加以区别，金文“气”的第一画开头略向上弯曲，第三画的结尾略向下弯曲，最后变成小篆的“气”。“气”的本义指云气。引申义可以指气候。《左传·昭公元年》：“天有六气。……六气曰阴、阳、风、雨、晦、明也。”又指节气等。《新五代史·司天考》：“周天一岁，四时，二十四气。”后因“气”字多用于假借义（见下），在隶书和楷书里本义云气及各引申义均改用“氣”字。

下面再说“氣”字。“氣”是形声字，从米气声。《说文·米部》：“氣，馈客刍米也。”（赠送客人饲料和粮食）读 xì。《左传·桓公十年》：“齐人氣诸侯。”（齐国人赠送给各诸侯国军队饲料和粮食）这个“氣”假借为云气的气，代替了“气”，改读 qì。这个假借义很快就成为“氣”字的常用义。为了避免本义与假借义发生混淆，为“馈客刍米也”这个本义另造“餼”字。“餼”是形声字，从食氣声，读 xì。汉字的形义配合关系有时会发生变化，而且一个字的变化又可能引起相关的字发生变化，这个现象很值得关注。上面讲的就是由于“气”字用于假借义，于是本义改用“氣”，使得本指“馈客刍米也”的“氣”表示云气及它的各种引申义，又另造“餼”字表示“馈客刍米也”。在传承的楷书里面，“氣”是繁体字，表示云气及它的引申义。20 世纪 50 年代把这个“氣”简化为“气”。简化字“气”本来就是“气”的最初的写法，用作简化字十分恰当。

下面讨论“气”的假借义。于省吾《甲骨文字释林·释气》：“气字之用法有三：一为气求之气，二为迄至之迄，三为终止之讫。气训气求，典籍常见。气字孳乳为迄或讫，二字典籍每互用无别。”为了使表达的意义清楚，“气”字的上述三种假借义后来都有了专用字。第一，“气”假借为气(乞)求的“气”(乞)。甲骨文有：“气雨，之日允雨。”(祈求降雨，这日果然下了雨)后来“气”字减去一个横画就成为“乞”字。《论语·公冶长》：“乞诸其邻而与之。”(从邻人那里祈求得到以后转给了他)第二，“气”又假借为迄至之“迄”。甲骨文有：“气至五日丁酉，允有来艰。”(到了第五天丁酉日，果然有了困难)后来造了“迄”字，“迄”是形声字，从辵乞声。《云麓漫钞》卷一：“自渡江后，方乘轿，迄今不改。”第三，“气”又假借为终究之“讫”。甲骨文有：“之日气有来艰。”(是日终究有了困难)后来造了“讫”字，“讫”是形声字，从言乞声，表示终止。《礼记·祭统》：“防其邪物，讫其嗜欲。”(终止嗜好与欲望)郑玄注：“讫，犹止也。”引申为完结、终尽。《抱朴子外篇·知止》：“狡兔讫则知猎犬之不用，高鸟尽则觉良弓之将弃。”总之，上古字少，典籍中多用假借。然而本义与假借义共用一字易生混淆，于是假借字逐渐分化，产生了后起本字。

(《咬文嚼字》，2016 年第 12 期)

“去”字的本义和转义

小篆“去”是上下结构，上面是“大”下面是“凵”。文字学家对“去”字的字形有不同的分析，我们这里采用《说文》的讲法。《说文》：“去，人相违也。从大凵声。”段玉裁注：“违，离也。人离故从大，大者人也。”指人离开某地。是从人凵(kǎn)声的形声字。

“去”的本义是离开。《诗·大雅·生民》：“鸟乃去矣，后稷呱矣。”(鸟飞走以后，后稷开始啼哭)《孟子·公孙丑下》：“孟子去齐。”(孟子离开齐国)《百喻经·妇诈语称死喻》：“于是密语一老母言：‘我去之后，汝可赍(jī，弄来)一死妇女尸安著屋中。’”李白《送友人》诗：“挥手自兹去，萧萧班马鸣。”(班马：将要离别的马)“去”的这个意义还保留在现代的一些词语里。“去世”指离开世间，“去职”指离职，“去就”指担任或不担任某种职务。“扬长而去”指大模大样地离开，“拂袖而去”指把衣服一甩就离开。“去”由离开引申为除掉，旧读qǔ，现读qù。《左传·隐公六年》：“为国家者见恶，如农夫之务去草焉。”(去草，指除草)《孟子·滕文公下》：“什一，去关市之征。”

与离开的意义相对的是往某地去，古代用“适、之、如、往、赴、诣”。“适、之、如”没有什么分别，都可以带直接宾语，可能是方言的不同。“之齐、适齐、如齐”可以互换。《诗·魏风·硕鼠》：“逝将去女，适彼乐土。”(逝，通“誓”。坚决离开你，去到乐土)《论语·公冶长》：“之一邦。”(去到一个国家)《左传·僖公二十八年》：“宋人使门尹般如晋师告急。"(门尹：司门的官吏；般：人名)"往、赴、诣"各有特点。"往"在古代不带直接宾语，与"来"相对。"之齐"不能说"往齐"。《论语·阳货》："佛肸召，子欲往。"《左传·僖公三十年》："行李之往来，共其乏困。""赴"表示奔向，特别是奔向水火或其他凶险的地方，而不是简单地往。《楚辞·渔父》："宁赴湘流，葬于江鱼之腹中。""诣"指至，多用于到达尊长等尊敬的人的地方。《三国志·蜀书·诸葛亮传》："由是先主遂诣亮，凡三往，乃见。"《世说新语·德行》："陈太丘诣荀朗陵。"

上述这六个表示到某地去的字后世都没有延续下来，后世用的是"去"的转义。这是为什么？主要是因为"之、如、适"的音义很多，负担很重，可能产生混淆。在《汉语大词典》里"之"就有 9 个义项，"如"有 21 个义项，而"适"就有 5 个读音、33 个义项。而"往、赴、诣"不是一般地到某地，而是各有特殊的意义和用法。而"去"至迟到唐已经有表示往某地的转义。《广雅·释诂一》："去，行也。"唐·李白《赠韦秘书子春》诗："终与安社稷，功成去五湖。"唐·杜牧《将赴吴兴登乐游原一绝》："欲把一麾江海去，乐游原上望昭陵。"宋·辛弃疾《摸鱼儿》词："休去倚危栏，斜阳正在，烟柳断肠处。"关于转义还要稍作解释。字义的发展主要有三种类型，就是扩大、缩小和转义。凡引申的意义既不属于扩大，又不属于缩小的，都可认为是转移。例如，"玄"本义指天青色。《诗·商颂·玄鸟》："天命玄鸟，降而生商。"转指道家所谓的"玄妙"。《老子》："玄之又玄，众妙之门。"《庄子·天地》："若愚若昏，是谓玄德。""去"是个常用字，而它的本义和转义又容易混淆，弄清楚这个字古今意义的改变对于阅读古籍会有些好处。

(《语言文字报》，2016 年 9 月 7 日)

“望”字的演变

现代的“望”字是由三千多年前的甲骨文、金文逐渐演变来的。它的前身甲骨文作，金文作、，这三个字都带有图画性，表示的意思容易明白。甲骨文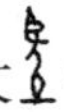中间是侧视的人形。人的上部突出一个竖起来的大眼睛，也就是“目”，表示不是一般地看，而是极目远望。人的脚下是土块，像人登高举目远瞩。金文有两种写法。金文在眼睛的右侧是月亮的“月”，像人登高望月。金文的左上是“亡”字，表示字的读音；左下是“人”字，右侧是“月”，合起来表示人望月。

汉字由甲骨文、金文发展为小篆，图画性减弱，符号性增强。写字毕竟不同于画画，图画性变为符号性是汉字走向成熟的表现。金文演变为小篆，字形上有两点改变值得注意：一是把眼目的“目”讹变为君臣的“臣”，在甲骨文里“目”和“臣”同形，要注意分辨；二是把人登在土块上讹变为，不再表意。读 tǐng，与天干的“壬”不同。古文字中字形的讹变是经常见到，往往会削弱字形的理据性。小篆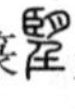是朔望的“望”。东汉许慎著《说文解字》简称《说文》，是汉字学重要著作。《说文》用六书理论对九千多个小篆的字形做了分析。许慎没有见过甲骨文，所依据的小篆、古文、籀文有些是讹变的字形，得出的结论有些也是靠不住的。《说文》对小篆字的解释是“月满

与日相朢，臣朝君也。从月，从臣，从𡈼。𡈼，朝廷也。"把𡈼解释为"廷"的省形字，也是没有根据的。金文望演变为小篆望，其中的"亡"仍旧表示读音，这是汉字走向形声化的反映。小篆望的意思是远望。《说文》对小篆望的分析是："望，出亡在外，望其还也。从亡，朢省声。""朢省声"是说朢字省去"臣"后的剩余部分表示望的读音，这种分析是不能成立的。因为"朢省声"剩下的是月和𡈼，不成字，没有读音，而望中表音的是"亡"。

汉字由小篆演变为楷书，把匀圆的线条发展为横、竖、撇、点的笔画，便于书写。小篆朢发展为楷书"朢"，小篆望发展为楷书"望"。"朢"和"望"见《康熙字典》，都表示向远处看，已经成为异体字。新中国成立后对楷书的字形进行了整理，涉及"望"的有两项：一项是1955年12月22日文化部、文改会发布的《第一批异体字整理表》，规定"望"是规范字，"朢"是被淘汰的异体字；另一项是1965年1月30日文化部、文改会发布《印刷通用汉字字形表》，把𡈼改为"王"，这就成为现代的"望"字。这两项改动都是必要的。现在"望"读wàng，是表示向远处看的规范字。

（《咬文嚼字》，2016年第5期）

由“羶”字的演变看汉字的形声化

东汉许慎著的《说文解字》简称《说文》，是汉字学的经典。《说文》里的“羴”字条写道：“羴，羊臭（xiù）也。从三羊。羶，羴或从亶（dǎn）。”这个条目给我们提供了许多有用的信息。

汉字造字法的发展大体是先有指事、象形，后有会意。这三类造字法都是只有意符，没有音符，合起来可以叫作表意字。用表意的方法来造字有很大的局限，能够造出来的字数量有限，不能满足记录语言的需要，于是产生了假借。假借是根据同音或近音的原则借用已有的字来表示新的意义。例如借用表示鼻子的象形字“自”来记录自己的“自”、自从的“自”。假借的使用提高了汉字记录汉语的能力，可是也带来一些问题。因为字的本义和它的假借义共用一个字形，看到一个“自”字，不知道是表示鼻子的“自”还是表示自己的“自”、自从的“自”，只能靠语境来分辨，如果语境不能分辨就会造成歧义。聪明的古人于是提出了形声造字法，给表示鼻子的“自”加上个“畀”造出了“鼻”这个从自、畀声的形声字。有了“鼻”字，假借字“自”专门表示自己、自从等意义，避免了歧义。形声造字法出现后，不但解决了假借字可能造成混淆的问题，还改变了一些表意字的形体，开始了汉字形声化的进程。

让我们回到本文开始时提到的“羴”字。“羴”读 shān，指羊身上带有的腥臊味，是由三个羊组成的会意字。用“羴”来表示羊身上的腥臊味，也有不便之处。汉字中由三个相同的意符组成的会意字往往表示多，如三个石组成的“磊”表示石头多，三个木组成的“森”表示树木多等。由三个羊组成的“羴”同样可以表示羊多，指羊群。清代学者俞樾著《儿笘录》卷六就说：“羴者，群羊也，犹雥（zá）为群鸟，驫（biāo）为众马也。”可见“羴”是多义字，有腥臊味和羊群两个意思，使用时可能产生歧义。在形声化的影响下，古人造了“羶”字代替了“羴”。“羶”是从羊、亶（dǎn）声的形声字。在《说文》里，“羴”是正字，“羶”是异体字。这告诉我们是先有“羴”后有“羶”，也就是说先有会意字后有形声字。“羶”是后起字，社会地位低，只能作为“羴”的异体字。这种情况不久就发生了变化。在南北朝梁代顾野王著的《玉篇》里面，“羶”升格为正字。《玉篇·羊部》：“羶，羊气也。”古代文献中不乏“羶”的用例。《庄子·徐无鬼》：“羊肉不慕蚁，蚁慕羊肉，羊肉羶也。”不过“羶”字有时也会遇到问题。例如，“这不是羊肉，怎么也这么羶？”“你满身羶味，快离我远点。”这两例里的“羶”指的不是羊肉发出来的、但是很像羊肉的腥臊味。“羶”字用“羊”做意符，在这一类例子里字形和字义有点脱节。这个问题怎么解决呢？古人坚持汉字的形声化，就是把“羶”里的“羊”改为“月（肉）”造出了“膻”字。“膻”是形声字，从月（肉）、亶（dǎn）声。意符“月”（肉）旁所指的范围比“羊”旁扩大了，使字形和字义重新建立了联系。《尹文子·大道上》：“好膻而恶焦，嗜甘而逆苦。”《尹文子》相传是战国时尹文所著，今本《尹文子》可能是后人的伪托。其中的“膻”不一定出自战国，也可能是后人掺入的。这样一来，在我们面前就有了音义相同的三个字：羴、羶、膻。这三个字是什么关系呢？1955 年文化部和文改会联合发布的《第一批异体字整理表》规定“膻”为规范字，“羴”和“羶”作为异体字停止使用。这个规定符合实际情况，我们应该按照《整理表》

的规定来使用。

“彝”变为“羶”再变为“膻”，表明会意字的形声化。类似的例子我们再举两个字。例如“年”字，甲骨文“年”字是从人负禾的会意字，象征五谷丰登，小篆就变为从禾、千声的形声字。又如“刚”字，本义是强力折断。甲骨文、金文的“刚”是从刀、从网的会意字。小篆变为从刀、岡声的“剛”，“剛”是形声字。汉字的形声化也影响到象形字和指事字。如“凤”字，甲骨文的“凤”本像凤鸟形，高冠长尾，是象形字。到了小篆加上音符“凡”，成为从鳥凡声的形声字“鳳”，这是象形字的形声化。再如“刅(chuāng)”字，它的意思是创伤，是从刃、从一的指事字。《说文解字系传》：“一，刃所伤，指事也。”《说文释例》：“左右两一，则伤痕也。”后来变为从刀、倉声的形声字“創”，这是指事字的形声化。“創”现在简化为“创”。据清代说文学家朱骏声的统计，《说文》九千多个小篆里有形声字 7697 字，约占《说文》总字数的 82%。到了现代汉字，传承字和新造字里的形声字已达 90% 以上，形声字已经成为汉字的主体。

（《咬文嚼字》，2016 年第 3 期）

由"癌"的改读谈分化同音词的读音

英文的 cancer 传到日本,日本为翻译这个词专门造了个"癌"字,日语读がん。后来中国从日本引进"癌"这个词就读为 yán,逐渐流行。可是这个词进入汉语后和"炎"同音,造成了"肺癌"和"肺炎"同音、"胃癌"和"胃炎"同音等问题。"癌"和"炎"写出汉字来字形不同,可是读出音来却无法分辨,这就给应用带来很大的困扰。大夫对病人说:你得的是胃 yán,病人吓一跳,不知是"胃癌"还是"胃炎"。为了解决这个问题,人们对"癌"和"炎"这两个词的读音加以分化,参考一些方言的读法把"癌"改读为 ái,使它和"炎"变得不同音。1962 年版《新华字典》首先采用了这个读音,其他语文工具书陆续跟进,到现在这项改读已经被语言社会所接受。又如"一二三"的"一"本来读 yī,可是在打电话时惟恐对方把"一"错听为"七",于是就改读为"幺(yāo)",这是同义换读。

就汉语文来说,分化同音词的读音开始得很早。清代人赵翼《陔馀丛考・呼箸为快》条说:"俗呼箸为筷子。陆容《菽园杂记》谓起于吴中。凡舟行讳住讳翻,故呼箸为筷子。"这是为了避讳。

1876 年贝尔(A. C. Bell)发明电话,1877 年爱迪生(T. A. Edison)发明留声机,人类的语言生活进入了传声时代。传声技术促进了共同语的普及和文体的口语化。人们要求使用的语言不但写下来能够看得懂,而且读出来能够听得懂。听不懂的语言无法适应传声技术时代的要求，所以分化同音词的读音就成了语文工作中十分重要的问题。下面再举几个改换说法的例子：

学校要举行“期终考试”，为了避免把“期终”误解为“期中”，于是就把“期终”改为“期末”。初版图书的“初版”，为了避免误解为“出版”，于是把“初版”改为“第一版”。“受奖”和“授奖”读音相同，但是意义不同。“受奖”是得到奖励，“授奖”是颁发奖状、奖品等。为了避免误解，于是把“授奖”改为“颁奖”。“治癌”和“致癌”与此类似，为了避免误解，于是把“致癌”改为“患癌”或其他说法。改革开放初期曾经有过“治穷致富”的口号，意思很好；但是“治”和“致”连用，人们就会听成“治穷治富”，难于理解。传声技术时代要求避免同音词造成的误解，使用语言时要多多留心。

（《咬文嚼字》，2016 年第 6 期）

“烟”与“菸”“煙”是什么关系？

“烟”是常用字，它和同音而意义相关的“煙”“菸”是什么关系，是容易使人感到困惑的问题。不久前我收到一位朋友给我的电子邮件，邮件说：“现就简体字‘烟’与繁体字‘菸’‘煙’的简繁对应问题向您请教。《新华字典》：‘烟草和烟草制成品，如香烟、旱烟、请勿吸烟’的‘烟’，对应的繁体字是‘菸’。《现代汉语词典》：‘烟草、烟叶、烤烟、种了几亩烟’的‘烟’，对应的繁体字是‘菸’；而‘纸烟’‘烟丝’等却可与‘煙’字对应。这两本工具书对繁体字‘煙’‘菸’掌握宽严尺度不一，说法不够一致。切盼指教。”本文就来讨论这个问题。

(1)烟(*煙、⑤⑥*菸)……⑤烟草，一年生草本植物，叶大有茸毛，可以制香烟和农业上的杀虫剂等。⑥烟草制成品：香～|旱～|请勿吸～。(《新华字典》第10版)

(2)烟(煙、①菸)……④烟草：～叶|烤～|种了几亩～。⑤纸烟、烟丝等的统称：香～|旱～|～瘾|请勿吸～。(《现代汉语词典》第5版)

下面做些讨论，先说(1)。《新华字典》第10版《凡例》说：“繁体字、异体字附在字头后面，外加圆括弧。不带*号的为繁体字，带一个*号的为《第一批异体字整理表》中的异体字，带两个*号的是《第一批异体字整理表》以外的异体字。”上一段引文里的“*煙、⑤⑥*菸”

带一个 * 号，是《第一批异体字整理表》中的异体字而不是繁体字。给我发邮件的先生没有注意字典的《凡例》，把异体字错当成繁体字，以致造成了误解。再说(2)。《现代汉语词典》第 5 版《凡例》说“繁体字、异体字加括号附列在正体字之后；既有繁体字又有异体字时，繁体字放在前面”。这条《凡例》交待得不够精确。就拿本文要讨论的问题说，“煙”和“菸”哪个是繁体哪个是异体，仅从位置的前后读者不易分辨。怎么办？要想别的办法。繁体字与异体字性质不同，二者虽有交叉，但是基本可以分清。要分清二者简便而可靠的办法就是查阅政府主管部门颁布的《简化字总表》和《第一批异体字整理表》。凡是出现在《简化字总表》里的是繁体字，出现在《第一批异体字整理表》里的是异体字。这两个字表并不难找，在语文出版社出版的《语言文字规范手册》里都有，一查这个表就知道，“煙”“菸”是异体字，不是繁体字。这样一来，给我发那个邮件的先生的疑问也就解决了。《现代汉语词典》第 5 版《凡例》里的不够精确的规定，到了第 6 版已经做了改正。第 6 版的《凡例》说：“繁体字、异体字加括号附列在正体字之后；异体字的左上方标注 * 号，带一个 * 号的是《第一批异体字整理表》中的异体字，带两个 * 号的是该表以外的异体字。如辉(輝、*煇)、为(爲、**為)。”对“烟”字条字头的处理也做了相应的调整，改为“烟(*煙、[④]*菸)”。用这两个字表一查，可以知道“煙”“菸”都是“烟”的异体字，而不是繁体字。说到这里有人会问：“烟”的繁体字到底是怎么写？还是去查《简化字总表》。查的结果是在这个字表里查不到“烟”，这就是说“烟”字没有简化，因而也就没有相应的繁体字。

《说文 · 火部》里“煙”是字头，“烟”是“煙”的异体字。经过千百年的演变到了今天，“烟”是规范字，“煙”是“烟”的异体字。“菸”本来是指烟草，后来人们把这个“菸”改为“烟”，于是就形成了今天的用字规范。

（《语言文字报》，2013 年 8 月 7 日）

《诗经》里两个"行"字的读音

一、"高山景行"的"行"

"高山景行"的"行"字，吉林文史出版社 2002 年出版的《中华成语大辞典》读 xíng，上海辞书出版社 1996 年出版的《中华成语大辞典》读 háng，商务印书馆出版的《现代汉语词典》读 xíng，第 6 版和第 7 版加括注"一说'行'读 háng"。

"高山景行"这个成语出自《诗经·小雅·车舝》第五章的"高山仰止，景行行止"。要知道"行"字读音的不同，就要明白这两句诗的意义。前人对这两句诗有不同的理解。《毛传》："景，大也。"《郑笺》："景，明也。诸大夫以为贤女既进，则王亦庶几古人有高德者则仰慕之，有明行者则而行之。"《孔疏》："毛以为，若得贤女在王后之位，则谏王使之为善，庶几于古人有高显之德如山者则慕而仰之，有远大之行者则法而行之。"按照这个解释，"景行"的"行"指品行，第二个"行"指效法。《诗经》是西周初至春秋中叶的古诗。品行的"行"在上古属匣母阳韵开口二等，中古演变为《广韵·映韵》下更切，属匣母映韵开口二等去声，现代演变为 xìng，20 世纪中叶改读为 xíng。效法义的"行"在上古也属匣母阳韵开口二等，中古演变为《广韵·庚韵》户庚切，属匣母庚韵开口二等平声，现代演变为 xíng。按照这样理解，

“景行行止”现在读为 jǐng xíng xíng zhǐ。“高山景行”要读为 gāo shān jǐng xíng。朱熹《诗集传》有另一种解释，说：“景行，大道也。”把“景行”的“行”解释为道路。闻一多《诗经通义》也把这个“行”解释为道路，说：“景亦读为迥，迥行犹远道，与高山对文。”这个“行”在上古属匣母阳部开口一等，中古演变为《广韵·唐韵》胡郎切，属匣母唐韵开口一等平声，现代演变为 háng。第二个“行”的意义为行走。这个“行”在上古属匣母阳部开口二等，中古演变为《广韵·庚韵》户庚切，属匣母庚韵开口二等平声，现代演变为 xíng。“景行行止”现在读为 jǐng hángxíng zhǐ。“高山景行”要读为 gāo shān jǐng háng。第二个“行”字读 xíng，没有分歧，不必讨论。

要判断这两种解释哪个合适，不能单看这两句诗，而要看全诗的意思。《诗序》说：“《车舝》大夫刺幽王也。褒姒嫉妒，无道并进，谗巧败国，德泽不加于民。周人思得贤女以配君子，故作是诗也。”朱熹《诗集传》的解释是：“此燕乐其新婚之诗。”“高山则可仰，景行则可行，马服御良，则可以迎季女而慰我心也。”现代学者褚斌杰《诗经全注》（人民文学出版社 1999 年版）说《车舝》：“这是一首迎亲曲。”“仰止：仰望。止：语助词。景行（háng 杭）：大道。行：行走。二句指前去迎亲景况，兼有仰慕对方，快速行进的意思。”我采取第二种理解，把“高山景行”读为 gāo shān jǐng háng。

二、“士贰其行”的“行”

《诗经·卫风·氓》里的“士贰其行”的“行”，中国纺织出版社 2017 年出版的王恩保主编的《中华古诗选》注 xíng，中华书局 1962 年出版的王力主编《古代汉语》注 háng。这是怎么一回事？

《诗经·卫风·氓》第四章："淇水汤汤，渐车帷裳。女也不爽，士贰其行。"对这后两句诗，《郑笺》说："我心于女，故无差贰，而复关之行有二意。""女"读为汝，"复关"指那个男子。"士贰其行"的"行"指行为。这个"行"上古属匣母阳韵开口二等，中古演变为《广韵·映韵》下更切，属匣母映韵开口二等去声。唐代陆德明《经典释文》在"士贰其行"下有反切，注："行，下孟反。"下孟反与下更切相同。这个"行"现代演变为 xìng。1947 年出版的《国语辞典》对这个"行"就注 xìng。1953 年出版的《新华字典》第一版也注 xìng，意思是："足以表现品质的举止行动。"20 世纪 50 年代为减少多音字才改读为 xíng。《中华古诗选》把"士贰其行"的"行"注为 xíng，是合乎语音演变规律的。

这一章诗是押韵的，"汤、裳、爽、行"是韵脚。在上古这四个字都属于匣母阳韵，只是等呼不同，押韵和谐。演变到中古前三个字依旧押韵，《广韵》的反切和音韵位置是："汤"式羊切，书母阳韵开口三等平声，"裳"市羊切，禅母阳韵开口三等平声，"爽"踈两切，山母阳韵开口三等上声。演变到现代，"汤"读 shāng，"裳"读 shāng，"爽"读 shuǎng，仍然押韵。而"行"字则不然，在中古已经与"汤、裳、爽"不押韵，现代读 xíng，也不押韵。古诗讲求押韵和谐，讲求韵律的美，"行"字不押韵破坏了这种韵律美。《古代汉语》改读为 háng。这样一改虽然押韵了，可是并不合理。古代没有录音机，古人到底怎么读，现代人并不完全清楚。即使音韵学家能把古音研究清楚，可是现代人也不能按照古音来读，因为现代人读古诗是给现代人听的，用古音来读谁也听不懂，无法领略诗句的内容。这种改读是为了迁就音韵而牺牲了意义的表达，至多只能说是临时变通。

这种变通至多只能偶尔一用，无法普遍应用。因为用现代读音读古典诗词时产生的不和谐情况很多,不能随意变通。如果一句诗里有两个字现代不押韵,变通就更困难。例如《诗经·大雅·荡》第六章:“如蜩如螗,如沸如羹。小大近丧,人尚乎由行。内奰于中国,覃及鬼方。”韵脚字的韵母按今音读:螗是 ang,羹是 eng,丧是 ang,行是 ing(指施行),方是 ang。“螗、丧、方”是 ang,“羹”是 eng,“行”是 ing。如果为了押韵,需要改动“羹、行”两个读音,人们很难接受。又如《楚辞·九歌·国殇》:“霾两轮兮絷四马,援玉枹兮击鸣鼓。天时怼兮威灵怒,严杀尽兮弃原壄。”按今音来读,“马”读 mǎ,“鼓”读 gǔ,“怒”读 nù,“壄”读 yě。有三个不同的韵母,读起来不和谐。朱熹《楚辞集注》做了叶音:“马”叶满补反。“壄”古野字,叶上与反。这样一改,读时比较谐和,可是与意义脱节,听起来无法理解说的是什么意思。这样的变通弊多利少,还是不宜采用。我们认为现代人诵读古诗要用今音,不能用古音。用今音有时会造成押韵和平仄的不和谐,这是语音演变的结果。临时变通任意性很大,会造成意义的混淆,弊大于利。

(《辞书研究》,2018 年第 5 期)

“混天绫”的“混”读第四声

2015 年 5 月 8 日的《语言文字报》发表了金春梅写的《“混天绫”的“混”读几声》。金文认为“混天绫”中的“混”应该读第二声，我认为这个“混”应该读第四声。下面说说我的理由：

一、“浑天仪”里的“浑天”也作“混天”，指的是天地万物。这是我国古代关于天体的一种学说。这个“浑天”出现在文言文系统。《后汉书·张衡传》：“遂乃研覈阴阳，妙尽璇机之正，作浑天仪。”宋代李焘著有《混天帝王五运图古今须知》，一脉相传。《广韵·魂韵》：“浑，浑浊。……汉武时洛下闳明晓天文。于地中转浑天定时节。”户昆切，折合今音为 hún。这个“浑天”与“混天绫”里的“混天”根本不是一回事，两个词扯不到一起。不能根据《广韵》的这个反切，把“混天绫”中的“混”读为第二声 hún。

二、《封神演义》里的“混天绫”这个词出现在古代白话系统。“混天绫”不能写作“浑天绫”。讨论“混天绫”里的“混”的读音，与“浑”字没有关系，要排除“浑”的干扰。应该着重指出：“混天绫”里的“混天”不是文言词，指的不是天地万物。正确释读它的含义，要从古代白话系统里去找。元代郑光祖《倩女离魂》第一折：“他是掣风涛混海鲸鳌。”《残唐五代传》第三回：“目下起兵混唐，在藏梅寺起手，开刀先杀一僧。”《七国春秋平话》卷中：“自燕兵混散齐兵，臣领五百军在山林之间屯驻，不能安业。”金文正确地指出，《西游记》里孙悟空结拜的七兄弟里有“平天大圣、混天大圣、齐天大圣”，另外还有“混世魔王”，这些都是古代白话词。其中的“混天大圣”的“混”、“混世魔王”的“混”与“混天绫”的“混”所指相同，意思都是闹、搅乱。《哪吒闹海》里哪吒的这块绸带，应该是指“搅乱天庭的绸带”，才与故事内容相符。另外，在《汉语大词典》中有“混天星”一词，释义是“旧谓天上捣乱的星宿，比喻捣蛋鬼”。“混天星”跟“混天绫”结构相同，其中的“混”也是闹、搅乱一类意思。现在问题逐渐明确了：古代白话中表示闹、搅乱的“混”应该怎么读？《广韵·混韵》：“混，混流。一曰混沌，阴阳未分。胡本切。”在《广韵》里“混”只有胡本切一读，折合为今音是读第四声的 hùn。

（《语言文字报》，2015 年 6 月 17 日）

标点琐议：分句内不能有句号

句子从结构上可以分为单句和复句。“历史的发展是由无数创业史累积而成的”是单句，“中国是一个文明古国，今天正在积极进行现代化建设”是复句。这个复句是由两个分句组成的，就是“中国是一个文明古国”和“今天正在积极进行现代化建设”。句号主要表示陈述句末尾的停顿，分句的内部不能有句号，如果出现了句号就造成层次结构的混乱。在由分号隔开的结构比较复杂的分句内，有时容易误用句号。例如：

> 2018年2月11日，青海省监察委员会领导班子成员全部产生。全国省级监察委员会全部成立；2月13日，河北唐山市监察委员会挂牌。全国市级监察委员会全部完成组建；2月25日，广西崇左市大新县监察委员会揭牌。全国省、市、县三级监察委员会全部组建完成。（《光明日报》2018年2月26日）

这段话有两个句子。由开头到“广西崇左市大新县监察委员会揭牌”是第一个句子，“全国省、市、县三级监察委员会全部组建完成”是第二个句子。本文要讨论的是第一个句子里标点的使用。这个句子有三层意思，由三个并列分句组成。三个并列分句间用两个分号隔开，而前两个分句各有两个层次。第一个分句内，“2018年2月11日，青海省监察委员会领导班子成员全部产生”是第一个层次，“全国省级监察委员会全部成立”是第二个层次。这两个层次表示的意思

前后相承,中间的停顿只能用逗号,而误用了句号。同理,第二个分句也有两个层次,就是“2 月 13 日,河北唐山市监察委员会挂牌”和“全国市级监察委员会全部完成组建”,中间的停顿也只能用逗号,而误用了句号。这两处的停顿,为什么只能用逗号而不能用句号呢?因为语言结构具有层次性,标点符号的使用必须准确表达这种层次性。句号表示的停顿大于分号,分号表示的停顿大于逗号。这个句子包含有三个并列分句,分句间的停顿用了分号,这是正确的;分句内的停顿就只能用比分号表示的停顿小的逗号,不能用比分号表示的停顿大的句号。原句误用了句号,读者读时自然要从句号处断开。这样一来整个句子就变成了由三个句子组成的句群(为了醒目,下列句中用“|”号隔开):“2018 年 2 月 11 日,青海省监察委员会领导班子成员全部产生。|全国省级监察委员会全部成立;2 月 13 日,河北唐山市监察委员会挂牌。|全国市级监察委员会全部完成组建;2 月 25 日,广西崇左市大新县监察委员会揭牌。”第二和第三两个句子变得难于理解。从标点的使用说,错就错在用分号隔开的分句内误用了句号。

下面再举出一个犯有同样标点错误的句子略作分析:

陈竺具体提出了六项要求:一是提高认识,加强领导。地方各级卫生行政部门的主要负责人要亲自抓甲型 H1N1 流感防控应急工作;二是加强监测报告,做好调查处理;三是有效准备,有序应急;四是强化培训,做好储备。各级疾控机构要做好相关检测试剂、耗材、消杀药械和防护用具的储备工作。各定点医疗机构要做好床位、设备、设施、药品、防护用具等储备工作,急救中心(站)要做好车辆、设备、设施、防护用具的储备工作,已有的负压病房和负压救护车要保证处于备用状态;五是做好应急职守，确保措施落实。地方各级卫生行政部门、疾病预防控制中心和医疗机构要24小时专人值班，卫生应急队伍要24小时待命；六是开展健康宣教，加强风险沟通，消除社会公众的恐慌心理和焦躁情绪。（《光明日报》，2009年5月3日）

这个句子标点使用的毛病与上一句相同，但修改的办法不能像上面的句子那样把句内的句号改为逗号，那样修改后句子的结构仍不明晰。这个句子的标点错误要用不同的改法。如果不改动词语，我建议把1个冒号和5个分号都改为句号，再加上原来的5个句号，一共有11个句号，也就是把原来的一个复杂的句子改为11个较短的句子。如下：

陈竺具体提出了六项要求。一是提高认识，加强领导。地方各级卫生行政部门的主要负责人要亲自抓甲型H1N1流感防控应急工作。二是加强监测报告，做好调查处理。三是有效准备，有序应急。四是强化培训，做好储备。各级疾控机构要做好相关检测试剂、耗材、消杀药械和防护用具的储备工作。各定点医疗机构要做好床位、设备、设施、药品、防护用具等储备工作，急救中心（站）要做好车辆、设备、设施、防护用具的储备工作，已有的负压病房和负压救护车要保证处于备用状态。五是做好应急职守，确保措施落实。地方各级卫生行政部门、疾病预防控制中心和医疗机构要24小时专人值班，卫生应急队伍要24小时待命。六是开展健康宣教，加强风险沟通，消除社会公众的恐慌心理和焦躁情绪。

（《语言文字报》，2018年3月14日）

信息化全球化时代的中国语文现代化

在本文的开头，我要对中国语文现代化的历史做简短的回顾。中国语文现代化就是现代化时期的语文改革。它指的不是语文本体的改革，而是语文应用的改革。1892 年福建同安人卢戆章自费出版拼音文字方案《一目了然初阶》，拉开了中国语文现代化的大幕。中国语文现代化至今已经走过了一百多年。一百多年来虽历经不少艰难险阻，终于取得了很大的成就。周有光先生在 1997 年 11 月出版的《中国语文的时代演进》里把近百年中国语文现代化取得的成就归纳为四个方面，就是：语言的共同化、文体的口语化、文字的简便化和注音的字母化。作为上述四化的具体成果，我们有了普通话、现代白话文、包括简化字在内的规范汉字、汉语拼音。正因为有了这些成果，中国的语文生活改变了清末以来的落后面貌，为改革开放和小康社会建设提供了比较适合的语文条件。

一百多年来的中国语文改革取得了许多宝贵的经验。其中最重要的一条是：语文生活的前进动力来自三个方面，就是：(1)群众的语文运动；(2)学者的语文研究；(3)政府的语文政策。三个方面是相辅相成的：没有语文运动就没有活力，没有语文研究就不能提高，没有语文政策就难于推行。[①]

---

① 周有光《信息化时代的中国语文现代化》，《语文现代化论丛》第 49 页，山东教育出版社，1995 年。

“文革”结束已经40年了，当前中国语文现代化面对的形势是信息化带动了全球化。信息时代的发展已经成为不可阻挡的历史潮流而改变着世界的面貌。周有光先生说：“信息化时期形成国际共同语，促进国际间的文化、经济和科技交流；发明录音、广播、无线电话、文传电报；发明电视，使图像、语音和文字统一出现于屏幕；发明电脑，创造出语文处理和自动翻译等新技术，目前正在向多媒体的综合信息网络前进。”①什么是全球化时代的世界观？周有光先生说：“全球化时代的世界观，跟过去不同，主要是：过去从国家看世界，现在从世界看国家。过去的世界观没有看到整个世界，现在的世界观看到了整个世界。在全球化时代，由于看到了整个世界，一切事物都要重新估价（transvaluation）。”②中国正走在信息化、全球化的道路上，我们要在这个前提下考虑新时代的中国语文现代化的问题。

新时代的中国语文现代化，不是把过去的一切推倒另起炉灶，而是继承并发扬优良的传统，在已有成绩的基础上向纵深发展。要研究新形势，解决新问题。下面就是我们对今后一个时期，中国语文现代化要解决的主要问题的一些粗略的想法。

一、大力推广国家通用语言——普通话

什么是国家通用语言？从国内说，就是各民族间用来交际的工具；从国外说，就是可以代表中国语言的语言。我国是多民族、多语言、多文字的国家，各民族的语言文字一律平等，没有哪个民族的语

① 周有光《信息化时代的中国语文现代化》，《语文现代化论丛》第43页，山东教育出版社，1995年。

② 周有光《全球化时代的世界观》，《拾贝集》第84页，世界图书出版公司，2011年。

言可以作为民族间的交际工具，因此需要有一种由民族语言发展来的国家通用语言。由于历史的原因，只有汉语有条件发展成为国家通用语言，这就是普通话。普通话有明确的科学定义，那就是：以北京语音为标准音、以北方方言为基础方言、以典范的现代白话文著作为语法规范的现代汉民族共同语。《中华人民共和国宪法》第十九条规定："国家推广全国通用的普通话。"在信息化全球化时代推广普通话具有更为重要的意义。

普通话不同于北京话，它去掉了北京话里的土俗成分，又从其他方言吸收了许多有用的成分。它比任何一种方言都丰富都发展。例如，北京公交车报站时售票员说"北大西门儿到了"，"西门"要儿化，这是北京话；车内的录音报站说"北大西门到了"，"西门"不儿化，这是普通话。北京人和全国人民一样也要学习普通话。普通话以北京语音为标准音，这指的是它的语音系统，而不是北京语音里一些带有地方色彩的东西。例如，轻声、儿化、"七、八"连读变调等。

这些年不断有人提出，推广普通话加速了方言的消亡，要处理好推广普通话和保护方言文化的关系。我们认为这种提法值得研究，因为这两件事不在一个平面上。推广普通话是要克服方言造成的交际隔阂，并不是要消灭方言，方言依旧可以在本方言区内流通。推普是关系全局的大事，方言再重要，它的使用范围也只限于自身所在的方言区。方言只为本方言区内的民众服务，在方言区之间就会变成交际的障碍。

有人说方言文化是宝贵财富，任其消亡太可惜。是的，方言文化联系着人们的情思，有重要意义，我们要努力保护方言文化，但我们更加重视推广普通话负载的现代文化。方言文化主要是历史文化、地域文化，而普通话文化是现代文化。现代文化是全世界各个国家、各个民族共创、共有、共享的宝贵财富。我们要从这个高度看待推广普通话的重要意义。更加努力推普，加大推行普通话里的现代文化和现代科技，它有更加辉煌的未来。如果为了保护方言文化，而影响推广普通话，是因小失大。

二、大力发展现代白话文

“五四”新文化运动以来，现代白话文在汉语书面语中已经确立了支配地位，这毫无疑义。提倡文言文是时代错误。现代白话文的发展目标是规范、丰富、发展。现代白话文要规范，但是只有规范还不够，还要丰富和发展。如果只有规范，但是不丰富不发展，词汇非常贫乏，句式非常简陋，这不是我们需要的白话文。我们正处在社会大变动的时期，我们的语言正在发生新的变动。白话文要多使用鲜活的、富有时代感的语言。近来我从报刊上读到这样的标题：《夫妻的小船不能说翻就翻》，指夫妻间不能因为一些小事就轻率分手；《尽早将汶川“善款去哪了”的问号拉直》，指救灾善款的去向要尽早向社会公众交待清楚。这样的标题比用老一套陈旧的语言要好，值得提倡。

现代白话文要加强语言规范化，要不断改进文风，要特别关注网络语言的文风。我们强调语言规范化，但是反对片面地语言纯洁观。我们欢迎一切有利于语言丰富发展的外来成分。语言规范化是语言发展成熟的标志。由于种种原因，现代白话文还存在许多不能尽如人意的地方，现有的语文规范标准还有不完全符合科学原理和语文实际的地方，由此带来的难于推行也是有目共睹的。

当前我国语言污染还相当严重，这主要表现在两个方面。一是网络里污言秽语严重，骂人的粗话随时能听到，许多语言垃圾不堪入目。二是报刊杂志和网络上，语言文字的谬误太多，需要下大力气进行整治。网络时代更需要理性。2014 年 9 月 15 日《重庆晨报》报道，某高校毕业的大学生，应聘时写出的一份 400 字的简历，其中竟有 24 个错别字，应聘自然被淘汰。语文应用中的病句随时可见。例如：

1. 如果地铁员工经历了跳轨轻生事件，心理上不可能不受影响。一些地铁司机会觉得是自己的过失导致跳轨者受伤或者身亡，其实无论哪个司机都不应该将之归咎为自身的过错。

2. 希望我们后辈学生能够踵继前辈之路，刻苦学习，将来能为中国语言学的发展贡献绵薄之力。

第一句里的用“将之”形成文白夹杂，要改为“把这件事”。第二句里的“绵薄之力”是谦辞，只能用来指自己，不能用来要求别人。

在努力解决规范化和文风问题的同时，大力发展文艺创作，创作出不愧时代的优秀作品。对白话文我们要纠正一种片面的认识，就是误以为白话文不讲艺术性，而是越白越好。其实白话文也讲求艺术品格，要多姿多彩。“言之无文，行而不远”。文言文的作者有唐宋八大家，有一大批脍炙人口的传世名篇。现代白话文要多从传统文化里吸收营养。白话文同样要有一大批知名的作家，要有一大批深受读者喜爱的名篇。这些名篇丰富多彩，琳琅满目；读时朗朗上口，百读不厌，有强大的艺术感染力。

三、大力推行国家通用文字——规范汉字

什么是规范汉字？新中国建立时汉字存在的问题主要是乱与

繁，不便学习和应用，于是开始了汉字的整理与简化。规范汉字是由四个字表构成的，那就是：《第一批异体字整理表》《简化字总表》《印刷通用汉字字形表》和《通用规范汉字表》。符合这四个字表规定的字是规范字，否则是不规范字。字表本身如果发现有不完备的地方，要适时修订、做出调整。这四个字表符合汉字"四定"的原则，推行规范汉字的目的是为了使汉字易学便用。国家通用语言是普通话，规范汉字首先是用来记录普通话。

当前规范汉字使用中要坚持使用简化字，反对以各种名义恢复繁体字。汉字难学难用，主要原因不是笔画多，而是字数太多，适当控制汉字字数，严格控制构字字符的数量，把汉字区分为死字活字。社会一般应用限于活字，死字成为专业用字，只在专业工作者中使用。我们不赞成以各种名义恢复死字、扩大汉字的数量。

要实事求是地评价汉字的优缺点。"五四"时期，只看到汉字的缺点，看不到汉字的优点，带有片面性。"文革"结束后，我们纠正了这个缺点，可是近些年来，又在走向另一个极端，即认为汉字一切都好，都是优点。有人认为汉字是世界最好的文字，是未来世界通用的文字。这种认识没有根据，同样有害。流沙河在《正体字回家》里说，"所有正体字都能讲出道理"，"简化字不讲理"，极力宣传恢复繁体字，这样的言论毫无道理。前辈学者张志公先生早就指出"汉字至少有两个半困难是很不易解决的"。第一，初学困难。第二，国际文化交流难。第三，文字的记写和传输机械化难。"汉字给我们使用打字机、电子计算机、机器翻译等等带来很多困难。说它是半个，因为这个困难从技术上是有可能逐步解决的。"[①]《国家通用语言文字法》第

① 张志公《汉字鸟瞰》，《张志公自选集》第725—728页，北京大学出版社，1998年。

十八条规定:“《汉语拼音方案》是中国人名、地名和中文文献罗马字母拼写法的统一规范,并用于汉字不便或不能使用的领域。”汉语拼音化可以进行学术研究,但是在可以预见的将来,不具备实现的可能性。

四、克服拼音恐惧症,大力推行汉语拼音

吕叔湘先生对《汉语拼音方案》给予很高的评价,认为它是最佳方案。吕先生并不是说它十全十美,而是说在利弊权衡上比较稳妥,这很不容易。20 世纪 50 年代我们制订《汉语拼音方案》时,国家还处于半封闭状态。那时毅然决定《汉语拼音方案》采用拉丁字母,这是极为难得的。在半个多世纪的推行中验证了《汉语拼音方案》的设计是成功的,没有发现重要的缺陷。目前我们要坚持推行汉语拼音,扩大汉语拼音的应用。近年来有人不断批评汉语拼音存在的各种问题,绝大多数都是不能成立的。我们主张要慎言修订《汉语拼音方案》。对于在推行中确实发生的问题,可由政府主管部门审慎地做出处理意见。

《国家通用语言文字法》为汉语拼音做了科学的定性,规定:“国家通用语言文字以《汉语拼音方案》作为拼写和注音工具。”半个多世纪来,汉语拼音已经走进了千家万户。随着电脑和手机的广泛应用,拼音输入汉字已经成为中文输入法的主流,在信息化时代获得了广阔的空间,可是汉语拼音在推行中遇到不少阻力,阻力的来源是担心汉语拼音最终将取代汉字。这种担心是没有根据的,应该纠正。《汉语拼音正词法基本规则》公布多年,但是拼音读物多数是按字注音,未能实现分词连写。小学拼音教学课时少,要求低,常常成了夹生

饭。这些问题应该及时做出改进。

周有光先生指出："全世界大多数国家用拉丁字母作为文字。'国际标准化组织'(ISO)给每一种非拉丁字母文字规定一种拉丁字母的标准转写法，作为文化交流的纽带。'汉语拼音方案'采用拉丁字母。在国际互联网上，拉丁字母占据了文字符号的极大部分。拉丁字母成为世界公用的全球化字母。"[①]汉语拼音是国际文化交流的桥梁，字母全球化是全球化的组成部分。我们有了辅助汉字、便于进行全球化交流的汉语拼音，可是不能自缚手脚，束之高阁。这是今后语文现代化要解决的重要问题。

1982年，国际标准化组织通过了ISO 7098《中文罗马字母拼写法》，汉语拼音走向了世界。1991年做了技术上的修订，增加拼音转换法。2015年再次修订，增加了人名地名的拼写法。这是一件大事，值得庆贺。

五、要大力推行国际共同语——英语

世界需要国际共同语。第一次世界大战前，法语是国际共同语。到第二次世界大战后，英语取代法语成为国际共同语。周有光先生指出："英语的流通扩大，美国是最主要的推动力量。起源于美国的多媒体电脑和国际互连网络，不断造出以英语为基础的新术语。信息化和英语化成了同义词。英语通过电视和电脑，正在倾泻进全世界每一个知识分子的家庭。英语的洪水泛滥全球。"[②]目前英语在以

① 周有光《文化学丛谈》第81页，语文出版社，2011年。

② 同①，第95页。

美国为后盾的强大人文、国力的支持下，已经成为事实上的国际共同语。英语不但是全球12个国家约4亿人口的母语，而且在大约60个国家里享有官方或半官方的地位。英语已经在科技领域取代了德语。周先生说："英语已经不是英国一国的语言，而是事实上的国际共同语。谁能充分利用它，谁就能更快地发展科技和文化，在国际政治和经济的竞争中取得优势。中国应当把英语作为第二语言，使中国人民提高在国际社会中的活动能力。因此，要研究英语在中国的教学和应用问题。"[①]当前在国内有人只把英语看作一门外语，没有看到英语是国际共同语，这种认识是不够的。当前中国已经成为有影响的世界大国，不论是经济还是政治、文化全面介入国际事务。中国需要英语，因此必须加强英语的教学和应用。至于一些具体问题，例如在基础教育里英语要占多大比重，中国需要多少熟练掌握英语的人才等，都是可以研究的。

学习英语是不是会影响母语学习呢？学习英语当然要花费时间，但这是必要的，母语教学存在问题是多方面原因造成的，需要全面改革，不单是时间问题。

六、积极参与解决信息网络建设与发展中的各种语文问题

解决"互联网+"各种问题。"互联网+"就是互联网与社会经济领域各生产要素相加，即让互联网与传统行业深度融合，重构、再造

① 周有光《信息化时代的中国语文现代化》，《语文现代化论丛》第47页，山东教育出版社，1995年。

新的发展业态。语言文字研究与应用有长久的历史，到了信息时代如何与互联网相结合是新的课题。结合得好，会使语言文字这个老学科展现出新面貌。中文信息处理下一步发展，语言文字工作的任务极为繁重。例如语义分析已经成为许多信息处理项目的关键。语文工作者要关注新的发展，根据自己的学术专长，与从事信息技术研究的专家相配合，为把语言文字的研究成果尽力用于信息处理，做出自己的贡献。

（《语文建设通讯》第 112 期，2016 年 9 月）

语文改革与新启蒙运动

1960年,我在北大中文系读书时,周有光先生在北大开设了汉字改革课程,我有幸成了周老的学生。周老的课使我大开眼界,使我对语文现代化有了初步地了解。一转眼半个多世纪过去了。在这半个多世纪中,我读周老的书,学习周老的为文和为人,受到周老的鼓励与教诲,使我受益终生。适值周老茶寿吉期,敬祝周老生日快乐,健康长寿。

周老不是政治家,但他十分关心国家的发展、社会的进步和人民文化素质的提高。他是学者,是当代著名的语言文字学家。他从语言文字工作入手,关注的是如何让语言文字为社会的发展服务,也就是如何实现中国语文的现代化。语言文字的研究可以分为本体研究和应用研究两个方面:本体研究指对语言文字本身结构的研究,例如语法研究、语音研究等;应用研究研究如何在社会生活中发挥语言文字的作用,推动社会朝着现代化的方向发展。周老的研究着重在语言文字应用的方面,在这些方面他提出了一系列具有真知灼见的观点。

周老把清末以来中国的语文改革归纳为四个方面:第一是语言的共同化,就是推广民族共同语,克服方言造成的交际障碍,实现国语统一;第二是文体的口语化,就是用白话文取代文言文,做到言文一致,破除文言文对思想的束缚;第三是文字的简易化,推动汉字的整理和简化，减少汉字学习和使用的困难；第四是表音的字母化，推行拼音方案作为辅助汉字的工具，用于汉字不能使用或不便使用的领域。如果考虑到电脑的应用，还要加上实现语言文字的信息化。上述这些方面的改革大大促进了汉语汉字的发展，促进了教育的发展和社会文化的进步，促进了中外文化的交流，为改革开放提供了良好的语文条件。我们每个人都是语文改革的受益者。

周老不但科学地总结了语文改革的历史，而且在语文改革的许多方面做出了切实的成绩。下面举几个例子。第一，周老是汉语拼音方案的主要研制者，为方案的制订做出了重大的贡献。他提出了汉语拼音的三原则，就是：拉丁化，采用国际通用的拉丁字母；音素化，采用音素制的音节结构；口语化，拼写普通话的标准语音——北京语音。他进行了具有创造性的研究，圆满解决了字母和音素配合的种种难题。汉语拼音方案是近百年来汉语拼音的最佳方案，到目前为止人们没有发现方案在设计上有重大的缺陷，这是很了不起的成就。方案的推行已经半个多世纪，在社会语文生活的诸多方面发挥了重要的作用。1982 年国际标准化组织通过决议批准汉语拼音是拼写汉语的国际标准，汉语拼音由国内的标准发展为国际的标准。第二，周老牵头制订了《汉语拼音正词法基本规则》，对汉语拼音方案做出了重要的补充。汉语拼音方案只规定了汉语音节的拼写法，没有规定词和句子的拼写法。《汉语拼音正词法基本规则》弥补了汉语拼音在这个方面的不足，扩大了汉语拼音的应用。第三，周老提出建立现代汉字学。传统汉字学是以《说文》研究为中心，主要解决阅读古籍里面的汉字问题，而没有解决现代生活里的汉字问题。现代汉字学研究的是汉字的现状和应用，正好弥补传统汉字学的不足。例如，如何制订《规范汉字表》，如何实现汉字的“分级定量”，如何实现汉字的国际推广等，都离不开现代汉字学的指导。第四，周老密切关注汉字的信息处理，针对汉字进入电脑所遭遇的困难，及时提出了拼音转换法。“文革”后期电脑进入了中国，但是古老的汉字无法输入电脑，这成了中国走上信息化的瓶颈。王永民先生创造了五笔字型输入法，拆分字根，使汉字进入电脑，这是重大成就，可是五笔字型需要专门的学习和大量的记忆，年纪大一点的人很难学会，很难普及。在西方，电脑是普通知识分子都可以应用的文字工具；在中国，知识分子要用笔起草文稿，然后再由学会使用五笔字型的专业录入员输入，这就妨碍了中文信息技术的发展。为了解决这个问题，使电脑走进千家万户，成为大众化的文字工具，周老提出了拼音转换法。具体说就是输入汉语拼音，由软件把拼音转换为汉字，可是汉字里的同音字很多，拼音输入时选择同音字又成为难题。于是周老又提出，拼音输入要以词为单位，而不是以字为单位。这就使得拼音转换法发展成熟，达到实用的水平。到如今，拼音转换法已经成为中文输入法的主流。我相信在座的诸位在使用电脑时，绝大多数使用的都是这种方法。周老的这个贡献并不比制订汉语拼音方案逊色。

下面再说一说语文改革和新启蒙的关系。在西方冲破中世纪的黑暗时代，首先是从语文改革开始的。这就是打破教会僧侣所垄断的旧文字，创造和群众口头语相结合的民族新文字。这才产生了启蒙运动。在这之后，才有了产业革命。中国的情况也一样。“五四”新文化运动是中国的启蒙运动，这个运动也是从语文改革开始的。甲午战败后，国家面临被瓜分的危机，爱国知识分子认为要使国家富强必须开发民智，要开发民智就要普及教育，而要普及教育就要改革语文，于是开始了中国语文改革的运动。为了解决汉字的难学难用问题，1892 年福建同安人卢戆章首先设计了“中国切音新字”，自费出版了《一目了然初阶》，由此引起了现代中国的第一波拼音运动的高潮。由1892年到辛亥革命先后产生了28种拼音方案，最后的成果是1913年制订，1918年推行的注音字母。“五四”运动是由文体改革开始的，它以言文一致为旗帜提出要用白话文取代文言文，取得了成功。白话文运动之后接着是国语运动和文字改革运动。国语运动的目标是国语普及，文字改革运动的终极目标是要变表意汉字为拼音文字，后来演变为汉字的简化和整理。语文改革推动了启蒙运动的发展，主要表现为两个方面。一方面是促进了教育的发展。没有教育的发展，没有语文生活的现代化，启蒙就是空话。另一方面是促进国际文化的交流。语文是文化交流的工具，文化的发展是从高处流向低处，先进改变落后。一个封闭的社会，无法进步。打开了国门，开始了文化交流，看到了差距，受到了启发，这就开始进入了启蒙时期。信息网络时代的到来，打破了思想的封锁，使得启蒙运动必然地产生和发展。周老总结语文演变的规律时说：“一种文化工具，只要易学便用，适合时代需要，它本身就会自动传播，不胫而走。”普通话、白话文、简化字、汉语拼音、拼音转换法，都是这个样子，没有例外。

进入21世纪，我们要坚持“五四”以来语文改革取得的成果，使得中国语文在新的条件下继续前进。周老探讨了21世纪汉语和华文的发展，提出了三点看法。第一，21世纪华语将在全世界华人中普遍推广。英国在两百年前普及了英国共同语，后来成为事实上的国际共同语。日本在明治维新以后普及了日本共同语。全世界的华人将在21世纪末普及华夏共同语。第二，21世纪汉字将成为定形、定量、规范统一的文字。汉字难学难用主要不在笔画繁，而在字数多。字符从多到少，从繁到简，是文字进化的规律。在21世纪的后期，讲究效率的华人将把一般出版物用字限制在3500个常用字范围之内，实行字有定量，辅以拼音。在21世纪的后期，可能还要对汉字进行一次简化。第三，21世纪拼音将帮助华文在网络上便利流通。汉语拼音已经得到全世界的公认，成为国际标准。在21世纪的国际往来中，拼音将发挥沟通东西文化的桥梁作用。周老的高瞻远瞩值得我们重视，我们相信中国的语文改革会克服面临的困难不断前进。

（《文化学刊》，2014年第1期）

规范使用国家通用语言文字

近日，国家新闻出版广电总局发出《关于广播电视节目和广告中规范使用国家通用语言文字的通知》(下文简称《通知》)。《通知》要求，严格规范使用国家通用语言文字，各类广播电视节目和广告应严格按照规范写法和标准含义使用国家通用语言文字、词、短语、成语等，不得随意更换文字、变动结构或曲解内涵，不得在成语中随意插入网络语言或外国语言文字，不得使用或介绍根据网络语言、仿造成语形式生造的词语，如“十动然拒”(十分感动然后拒绝)、“人艰不拆”(人生已如此艰难就不要拆穿)、“晋善晋美”等等。广电总局的《通知》非常及时十分必要，应该认真贯彻执行。

据我的粗略观察，当前媒体使用的语言文字存在着比较严重的混乱现象。主要表现在：

一、不按规范写法和标准含义使用国家通用语言文字。例如，“哄然大笑”误为“轰然大笑”。“哄”形容许多人的大笑声或喧哗声，而“轰”形容打雷、放炮、爆炸等巨大声音，不能用来形容人声。“日暮途穷”误为“日暮穷途”。“日暮途穷”是由两个主谓结构构成的对称结构，而“日暮穷途”变为一个主谓结构和一个偏正结构，前后的结构失去对称。“不刊之论”指不能改动或不能磨灭的言论。其中的“刊”指消除错字，现在被误解为刊载、刊登，“不刊之论”被曲解为不能刊登的言论。“文过饰非”是两个并列的动宾结构，指掩饰过失和错误；

而近来“文过”常被误解为偏正结构，误解为用文章掩盖自己的错误。“中国引领信息时代的决心，已经是司马昭之心了。”“司马昭之心，路人皆知”是歇后语，本指篡逆之心尽人皆知，带有贬义，上述句子中误用为褒义。另外，近些年来语文教学严重忽视语法教学，结果是语法方面的病句大量出现。例如：“习近平将在斐济‘请客’八国领导人。”“请客”是动宾结构，后面不能再带宾语。可以把“请客”改为“会晤、会见”或“宴请”。“两年间34条高速延期收费。”“延期收费”的意思是“推迟收费”。例如原订4月1日开始收费，后改为5月1日，也可以叫“延期收费”。可是这个句子要表达的不是这个意思，而是指高速公路延长收费期限。例如有的高速公路原定收费期为15年，可是到期后找一些理由延长收费期。这个句子里的“延期收费”可以改为“延长收费期限”或“延期停止收费”。

二、生造词、缩略语、成语等。例如“校花”指被本校公认的最漂亮的女学生，多指大学生，近来仿照“校花”造出了“校草”，指被本校公认的最漂亮的男学生。“我和我的小伙伴们都惊呆了”压缩成“我伙呆”。“虽然看得不是很明白，但是觉得很厉害”压缩成“不明觉厉”。把“喜闻乐见、大快人心、普天同庆、奔走相告”简缩为“喜大普奔”。这些生造词语晦涩难懂，不伦不类，成为交际的障碍。

三、滥用字母词和网络词。不同民族间有文化交往，就会有语言的交流和吸收。汉语吸收外来词的主要方式是音译或半音译。例如，Olympic 音译为“奥林匹克”，chocolate 音译为“巧克力”，ice cream 半音译为“冰激凌”。也有一些外来词不经翻译直接按字母移植过来，这就是字母词。有些字母词的使用是必要的，已经被社会所接受。例如，把计算机层析成像叫CT，把B型超声诊断叫B超等。有些字母词已经有法定的汉语音译，就应该使用汉语形式。例如，

2013 年 4 月全国科学技术审定委员会与外语中文译写规范部际联席会议专家委员会联合发布，将 PM2.5 的中文定名为“细颗粒物”，可是至今许多媒体仍在使用 PM2.5。至于汉字文章里夹用英文单词也很常见。例如：“P2P 房产抵押产品成香饽饽”“反腐风暴吹跑赌城 VIP”“结账排大队？‘人体’POS 机助阵”。这完全没有必要，对于不识英文的人构成了严重的阅读障碍。

中国已经进入信息网络时代，网络已经成为人们生活和工作离不开的工具。有些年轻人在网络交际中创造一些与全民语言不同的所谓网络词语。从早期的“菜鸟(新手)、杯具(悲剧)”到近来的“坑爹、屌丝、吐槽、宅男、卖萌”等等。这些词语含义模糊，与规范的语言文字背道而驰，而且流通面极窄，主要是青少年网民在网上使用，加深了与成年人的隔膜。这些词语成为全民词语的数量极少，仅有“给力、粉丝”几个，多数是来去匆匆，昙花一现。青少年沉迷于这些网络词语，妨碍了他们学习和使用规范的语言，不利于他们的健康成长。

上述这些混乱现象危害很大，应引起各方面高度重视，设法加以整顿。从信息交流说，这些现象妨碍信息的交流，影响社会的生产和生活，影响经济建设和文化建设，降低了工作效率。从国家和民族说，这些消极现象影响中华优秀传统文化的传承，影响国家软实力的增强，影响国家的文化安全，影响我们进入信息时代。从个人的文化修养说，语文知识是知识大厦的基础，一个人语文基础打不牢，影响一生事业的发展，不管做什么工作都会受到影响。

整顿这些混乱现象，会不会限制语言的发展呢？不会。因为只有去除了杂草，秧苗才会生长茁壮。社会不断发展，作为交际工具的语言文字也在不断发展。发展就是对原有规范的突破，语言学上叫作变异。变异分为积极的和消极的两类。区分的标准是三性：第一是必要性，看在社会交际中是否确有必要；第二是明确性，看表达的意思是否明确；第三是流通性，看社会流通是否广泛。凡是符合三性的是积极变异，应该支持；如果不符合三性的是消极变异，应该予以限制，不能让它自由发展。综合使用这三性的标准，就能促进语言文字的健康发展。

《国家通用语言文字法》是指导语言文字工作的大法，党的十八大报告把我国的语言文字工作凝缩为一句话，就是“推广和规范使用国家通用的语言文字”。政府行政部门要加大对《国家通用语言文字法》和十八大报告里有关内容的宣传和贯彻落实。这是行政部门肩负的任务，应该努力做好。语言学家要积极投身语言文字的应用研究。目前我们已经有了一支研究和推动语言文字应用的学术队伍，国家行政部门要充分发挥这支队伍的作用。要改进中小学的语文教学，要切实加强语言文字应用的教学，特别要加强语法和逻辑的教学。要从实际出发，扎扎实实推进工作，避免空谈。要加强对于青年人的疏导，让他们首先学好通用语言文字。语言学家张巨龄说：“语言要花一生去琢磨。”这话很有道理。上述几个方面要形成合力，在国家行政部门组织和协调下，我们的语言文字工作一定会上一个新台阶，为社会的进步和国家的发展做出宝贵的贡献。

（《语言文字报》，2014 年 12 月 17 日）

字理和字理识字

字理指构字的理据，也就是字形与字音、字义的联系。汉字的字理十分复杂，我们在这篇短文里，只就字理与字理识字教学的关系谈一点看法，请各位指正。

字理识字是汉字教学中一个有影响的流派，特点是讲求构字的理据，把字形与字音字义联系起来，避免死记硬背，提高识字教学的效率。它先教独体字，后教合体字。独体字的基本模式是"溯源—对照"，合体字的基本模式是"分解—组合"。例如教"马、女、妈"这三个字时，先教"马"和"女"这两个独体字，然后再教"妈"这个合体字。老师告诉学员："女"表示"妈"与女性有关，"马"表示"妈"的读音与"马"声韵相同。汉字中有一大批字适合用这种识字方法。如：

象形字：日月山水人手户目木火牛羊鱼燕

指事字：刃本末甘凹凸

会意字：从及化戒库吠鸣拿尖炎集兼森众磊

形声字：疤懊松柏杨柳江河湖海洲忠想峰群终紫鲤鲫骡

这些字结构比较简单、字理容易理解。对这些字采用字理识字教学，教者顺手，学者愉快，能收到较好的教学效果。

可是并不是所有的汉字都适合用这种方法。有些字的字理至今弄不清，自然无法采用。另外也有一批字，字理虽然清楚，但是比较复杂，涉及的问题较多，理解困难，也不适合采用这种方法。例如：

春。小篆作“萅”（为了便于排印，我们把小篆字形楷书化），是从艹、从日，屯声的形声字。在隶书楷书里面，艹和屯演变为𡗗。𡗗不成字，没有音义，需要死记。

青。《说文》：“青，东方色也。木生火，从生、丹。”小篆“青”是由“生”和“丹”组成的会意字。生和丹怎么生出青的意思呢？《说文》说是“木生火”，也讲不明白。章太炎《小学答问》说：“丹为巴越之赤石，青从丹、生声，宜本赤色之名。”查一查《新华字典》，“青”可以表示绿色、蓝色或黑色，章太炎又说它表示赤色，这样的字理越说越糊涂。

法。小篆作“灋”，是从水、从廌、从去的会意字。意思是说法公平如水。廌是神兽，懂得抵触不正直者使他离去。“灋”省去“廌”成为“法”。“法”字里面的“去”既不表音又不表义，没有字理。

夜。小篆是从夕、亦省声的形声字。演变为楷书“夜”，完全看不出原来的理据，变成了无理据字。

害，指伤害，是从宀、从口，丰声的形声字。从宀、从口和害有什么联系？有人解释说：“伤害之言，从家中发起。”这很牵强，而且其中的音符“丰”是生僻字。这样的理据也只能死记。

人们识字为什么重视字理呢？因为通过学习字理可以减少死记硬背。如果像上面说的“春、青、法、夜、害”等字，都有字理不易说清，也很难用于字理识字。在教学中如果要谈这些字的字理，也无法完全离开死记硬背。与其背字理，还不如直接去背汉字的形、音、义，更直截了当。从事字理识字教学的老师们要面对这样的现实，不要把汉字的字理理想化。笔画减省的字即使不讲字理，学习也不十分困难。

简化字大约占通用字的三分之一。有不少简化字有理据，如“尘、灶、态、绣”，自然可以用字理识字。可是也有不少简化字没有理据，对这样的字更不必绕回繁体字去讲字理。例如“类”字，“米”和“大”组成了“类”，没有道理可讲。“類”是“类”的繁体字，《说文》分析为从犬、頪声的形声字，意思是“种类相似，唯犬为甚”。要通过繁体字“類”讲简化字“类”的字理是自找麻烦，不如直接去讲简化字。总之，识字教学要重视字理，要尽可能地利用字理。对于那些不适合讲字理的字不必勉强去讲，更不能没有根据地乱讲。近些年来，有人提出了“依据实用字义灵活地解析字理”的主张。这种主张对识字教学有害无益，不是识字教学的好方法。例如：

春。春天到了，温暖的阳光（日）普照大地，人们三人一伙地（𡗗）结伴而行，踏青赏花。

以。“人”用锄（丨）挖起泥（丶）。（“以”即“用”义）

妄。要想使妇“女”灭“亡”，那是“妄”想。

（《咬文嚼字》，2016 年第 9 期）

语文教学浅谈

一、语文是知识大厦的基础，学好语文终身受益

在当今社会有些人的语文应用能力不高，各种媒体中语文差错时常出现。例如：毛主席写的《忆秦娥·娄山关》：“雄关漫道真如铁，而今迈步从头越。”其中的“漫道”意思是休说、不要说，表示让步。这个词在古诗文中常见。陆游《步至湖上寓小舟还舍》：“漫道贫非病，谁知懒是真。”王力《庚申元旦遣兴》：“漫道古稀加十岁，还将余勇写千篇。”近来这个词常被误用为“漫长的道路”。又如，在一本讲古文字学的著作里有这样的句子：“《说文》所载字形数量繁多，它是许慎花付平生主要精力收集整理的结果。”其中的“花付”是生造的词，可以改为“付出、花费”一类的词语；还有：“出于父辈对教育的重视，先生少儿之时就被送进私塾就读。家父聘请的第一位教师毕业于师范学校，主讲的是受西学影响而在当时通行的新式小学教材（如历史、地理、博物、数学等门类）。”其中的“家父”一词本是对别人谦称自己的父亲，而被误用为“先生”（老师）的父亲。

语文教学的内容是什么？有人说是语言文字，有人说是语言文学，争论不休。我认为“文字”和“文学”两项内容并不互相排斥，不是

要二选一，而可以兼收并蓄。就是既包括语言文字，又包括文学。语文教学的任务有两个方面，一是培养学生的听、说、读、写能力，二是培养学生初步的文学作品鉴赏能力。这两个方面是一个健全的学生必须具有的品质，也是毕业后升学或就业的重要基础。在整个教学计划中，只有语文课承担这两项任务；如果语文课不能完成这项任务，学生的知识和能力就会存在缺陷，要想为社会做出很大贡献几乎是不可能的。

有人认为听和说从小就会，不用学，这种认识不对。从母亲那里学到的听和说是指日常生活里的简短的话，复杂的话非学不可。语文的听、说、读、写能力是要学习培养的，要接受科学的训练才能学会的，要做到得心应手更要下苦功。中小学的语文课是打基础、入门径，要使用纯熟，更多地要靠自学，要终生学习磨练。一个中学生要德智体美全面发展，不能没有美育，而文学作品是进行美育的好教材。

语文课要不要进行思想教育？当然要，要立德树人，不过一定要结合语文教学来进行。脱离教学的思想教育有两大害处，其一是荒废了时间没有学到语文，其二是说教式的思想教育本身就破坏了思想教育的品质，收不到预期的效果。对于语文课中的思想教育要有新的认识，要摆脱肤浅的针对一时一事的思想教育，而是要获得最具终身发展价值的人格修养和核心素养。学习一篇文质兼美的文章，就是让文章中的优美情愫滋润学生的心灵，使学生走向睿智、走向成熟。在语文教育中要传承并弘扬优秀的传统文化，优秀的传统文化是中华民族生存和发展的精神支柱。由传统文化的“仁民爱物、心怀天下、崇德奉献”可以演化出“敬业爱岗、敬师爱生、敬老爱幼、济困扶弱”等基本价值观。

二、要破除应试教育这根指挥棒

要提高语文教学的质量，实现语文教学科学化，就要抛开应试教育这根指挥棒，应试教育的问题是极端功利化。教学的目的不是为了考试，不是为了升学，而是为了培养人，培养人的创造能力和操作能力。多年来应试教育这根指挥棒束缚着师生，老师和学生都围着考试转。考什么讲什么，教参上有的老师不敢不讲，担心一旦考到没讲的内容，学生考不出好成绩，各方面都不满意。学生考什么学什么，不考的不学，少费许多心思。学就是死记硬背，题海战术。应试教育这根指挥棒把人变成了考试工具，学语文变得索然无味。必要的考试还是要的，而是要克服为考而教、为考而学。

破除应试教育不是语文教师个人所能解决的，对升学考试，尤其是高考，教师无能为力。一定要由教育主管部门下大力气才能解决，社会其他方面也要积极配合。前几年电视台播出的汉字听写大会，为了拉开距离出偏题怪题，方向是不对的。我 1957 年参加高考，记得那时语文科只考一篇作文和一段文言翻译。后来考题越来越复杂，要求越来越严苛。因为分数越来越重要，尤其像高考，一分之差名额就差十多个人甚至几十个人。今后随着教育事业的发展，优质教育资源的增加，情况会逐渐改变。考试主要考基本知识，考应用能力，不靠考死记硬背。作文是个很好方式，可是因为评分有一定灵活性，不如选择题、填空题可以电脑评分，没有争议，所以不能只考作文，其实作文科学评分问题也是可以解决的。

三、语文课要具有吸引力，让学生愿意学习

有些学生不喜欢语文课。他们认为数理化不能耽误，耽误了就弄不懂；语文不认真学也没关系，继续学习不受影响。教学计划里语文课的课时不少，可是学生收效往往不大。造成这种现象有多种原因。这里只说两点，一是教材，二是教师，而教师的作用在一定意义上大过教材。下面回忆一下我是怎样喜欢上语文课的，看这里面有没有什么规律性的东西。

我是1948年在天津升入中学的。我读书的中学是个老校，有多位学有专长的语文老师，还有一所藏书不少的图书馆。那时老师有较大的自由度，课本的文章可以选讲，可以调整次序，好像也没有教参，教师可以讲他自己愿意讲的内容。也没有许多的考试，期末考试也容易通过。60年过去了，读过的课文差不多也忘光了，可是有些知识点却一直记着。初二时老师讲“推敲”的典故，才知道写作要字斟句酌。老师在课上讲李何林的《近二十年中国文艺思潮论》，知道了创造社、文艺研究会，知道了叶圣陶、茅盾、郭沫若，虽然不明白他们争的是什么。初三的语文老师是著有《古书虚字集释》的裴学海先生。他给我们讲语法，用吕叔湘先生出版不久的《语法学习》为课本。他结合文言文教学，告诉我们古汉语里否定句代词宾语要前置。他给我们讲“香稻啄余鹦鹉粒，碧梧棲老凤凰枝”（杜甫《秋兴》诗）里的倒装句式。因为学生写“步”字常在右下多一点，裴老师告诉我们“步”是由两个“止”字组成的，右下没有点。他结合课文给我们讲北方曲艺十三辙，我很感兴趣，自己练习随便拿出一个字很快就知道属于哪道辙。在初中我开始对语文产生兴趣。到了高中，我一方面从

老师那里学到许多新知，一方面从课外阅读里开阔了眼界。高中时，报告文学这种文体刚刚兴起，我的语文老师就给我们做了介绍。张相的《诗词曲语辞汇释》出版不久，老师告诉我们这是本很重要的书，有许多创新。那一年文化界举行纪念活动，纪念屈原这位世界文化名人，语文老师在课外活动讲了屈原的《国殇》和《橘颂》，引起我对《楚辞》的兴趣。课外阅读方面读了一些现代文学作品，也读了一些研究文学的书。例如林庚先生的《诗人屈原及其作品研究》、《中国文学简史》(上册)，游国恩先生的《楚辞概论》等。那时开始读语言学的书。对我帮助最大的是吕叔湘、朱德熙两位先生合著的《语法修辞讲话》。我还读了王力先生的《中国语法理论》、高名凯先生的《普通语言学》，很多内容读不懂。随着阅读量的增加，不懂的东西越来越多。例如语音上的阴声韵、阳声韵不懂。听曲艺听到有一句唱词是“精卫冤深沧海能填”，不知道字怎么写，也不知道是什么意思。越是不懂越想弄明白，于是开始偏科，学习的兴趣全在语言学和文学，最终确定了我的学术方向。从我的经历看，语文课完全可以具有吸引力，使学生愿意学习语文，关键在教师。

做一个好的语文教师不容易。依我看至少要具备以下三个条件：第一，要喜爱语文，要矢志不移认真做好语文老师。第二，要有渊博的语文知识和较强的语文应用能力。第三，要讲究教学方法。从当前的情况看，有些老师最缺少的是语文知识。讲好语文课需要很多的知识。语文课本里的文选涉及方方面面，诸如《看云识天气》《苏州石拱桥》《第比利斯地下印刷所》等，选文随时可以调换。对课文所说的内容，教师不可能都熟悉。怎么办？我主张以不变应万变，那就是着重从语文知识和语文应用能力去讲语文。把学生看来没有什么可讲的文章讲出学生不懂的知识，使学生学有所得。在教学第一线有许多优秀的老师，他们辛苦地耕耘，培养出大批人才。而有些教师自身知识不足，在课堂上讲不出多少东西。主要靠教参，照本宣科，讲课干巴巴，课堂死气沉沉，对语文知识的讲授还有差错。例如，有的老师把汉语拼音说成是拼音文字，把拼音字母说成是英文字母。有的老师不会分析句子的语法结构，不懂得常用虚词的用法。再就文学作品的阅读赏析说，涉及的知识点就更多更复杂，不但要熟悉文学史上重要作家和作品，还要了解美学、心理学、认知科学等相关学科。“知识就是力量”，知识不足就很难把课程讲深讲活。知识不足的老师要抓紧补课，这样才能提高所授课程的知识含量。中学生有强烈求知欲和好奇心，学术方向尚未确定。这时哪位老师课程讲得好，有吸引力，他就愿意学哪门课程。教师的引导作用往往能影响学生的一生。

要上好语文课，除了老师这一方面外，对学生也有相应的要求。学生要认真听课，与教师配合完成学业，增加课外阅读量。还要学会使用语文工具书，培养自学能力。教育主管部门要给语文老师多一些教学主动权，调动他们的积极性，发挥他们的业务专长；要给学生留出自学时间，去学他愿意学的东西，调动学生的学习主动性。教材也极为重要，但需要另外研究，本文暂不涉及。

（在 2017 年 11 月 25 日举行的纪念恢复高考 40 周年暨高考语文［北京卷］命题与评阅 16 周年高端论坛上宣读，已编入会议文集）

周有光先生一篇未曾发表过的文章

下面这篇文章是周有光先生于 2003 年年初写成的，没有发表过。请读者先读本文，然后我稍加说明。

提倡“基础华文”缘起

华侨走进“华夏文化宝库”的第一步。

全世界华侨，包括华裔和海外华人，估计有五千万人以上。他们在当地“叶落生根”而不忘到祖国来“寻根”。21 世纪是一个全世界文化蓬勃向上的时期，他们的文化水平普遍提高。但是，“学然后知不足”，他们要求进一步了解祖国文化，畅览华夏文化的宝库。他们都忙于自己的事业，业余时间有限，感觉华文艰深难学，不容易进入宝库的大门。能否使华文简易一些，方便他们用较少的时间，得到较多的华夏文化的享受？这是当前需要研究的问题。

我们在长期思考之后，认为办法是有的，可以设计一种简易的华文，作为进入华夏文化宝库的第一个台阶。万事开头难。踏上第一个台阶之后，徐步而上，就能分散难点，履险如夷。

这种简易的华文，我们叫它“基础华文”。

“基础华文”究竟是什么呢？“基础华文”是“千字文＋拼音”。它有两个特点：

1.“用字有限制”。限用一千汉字，超出部分用拼音代替，或者在“超限汉字”上注明拼音，再加解释和说明。

2.“文体求通雅”。要做到,“文章平易,内容丰富”;“文笔浅显,文意深邃”,使读者轻松地步步深入。

初步准备做如下的工作:

(1)编辑一本“基础华文词典”,名称待定。

要求是:“以少解多”。以少量汉字解释大量词条。用“基础华文”解释全部词典的词条。学了拼音,只要识一千个汉字,就能利用这部词典。

(2)编辑一套“基础华文丛书”,名称暂定《华夏文化丛书》。

要求是:以新颖的时代理解,介绍传统的华夏文化。简明有味,不落俗套。有注音、解释、说明、背景、索引,一目了然,无师自通。

内容主要是华夏文化的各个方面,例如:中国地理故事(黄河、长江等);中国历史故事(汉朝、唐朝等);政治人物故事(刘邦、孙文等);先秦诸子故事(孔子、孟子等);著名诗词解说(唐诗、宋词等);著名小说故事(红楼、水浒等);近代文学故事;中国民俗故事;中国神话故事;其他。

公开征求编写人才,请各地语言学会帮助,邀请他们参加编写。组织一个编审小组,负责跟编写者共同研究,做到内容丰富、文笔浅显、思想新颖。

(3)成立一个研究小组,研究“基础华文”问题,在实践中不断前进。

感谢教育部、侨务委员会、语文应用研究所,给我们鼓励和支持!

我们提出这个“基础华文”的倡议,诚恳征求志同道合的同志们,共同合作。

周有光先生身居斗室,胸怀世界。他热情地关注中华民族的伟大复兴。他深知没有海外五千万华侨和华裔的积极参加,中华民族的伟大复兴将会受到影响。团结全世界华侨和华裔的重要纽带，就是源远流长的中华文化，而语言文字是传承传统文化的重要载体。华侨和华裔心向祖国。要想让他们投身到民族复兴的伟业，首先要帮助他们掌握华语和华文。许多华侨和华裔在住地生活几十年、甚至上百年，对华语华文比较生疏。学习华语不容易，学习华文就更困难。语文工作者有义务帮助他们克服这个困难。在这种背景下，周先生提出了“基础华文”的倡议。

“基础华文”是简易华文，它的特点是“一千字+拼音”。如果能把华文里使用的汉字控制在一千个以内，学习的困难就会大幅降低。根据汉字效用递减率，一千个高频汉字覆盖率在85%以上，缺少的15%左右的汉字可以用汉语拼音或者汉字加注拼音代替。“基础华文”设计的关键是充分发挥汉语拼音的作用，华侨和华裔学习拼音很容易。日文是汉字加假名，把汉字限制在一定的数量内，缺少的部分用假名来代替，这样做取得了成功。周先生参考日本的经验提出了“基础华文”的设想，给华侨和华裔学习华文打开一条新路，可以解决他们学习华文的困难。

周先生的倡议提出后，得到国家语委的支持，很快就拨付了启动资金。王均先生带头响应，建立基础华语研究组。2003年3月6日，研究组举行会议，研究《基础华文丛书》的编写。与会的有周有光先生、王均先生、语言文字应用编辑部的李晋霞，还有我等几个人。会后王均先生积极筹划选定作者，着手第一批丛书的编写。大家热情很高，可是有限的启动资金很快就用完，估计第一批丛书出版后不会有很大的销量，投入的资金难于收回，无法进行再生产。这时王均先生不幸染病无法工作，不久就去世。失去王均先生的有力领导，缺少的资金也无法解决，丛书编写工作不得不搁浅，这是无可奈何的事情。转眼间过去了14年,如今中国已经成为世界第二大经济体,孔子学院和对外汉语教学有了很大发展。2017年1月14日周有光先生不幸逝世。我们充满痛惜悼念之情。在这悲痛的日子,重温周先生提出的“基础华文”的倡议,更觉得这个倡议意义深远。我们希望引起有关部门和各界朋友的关注,大家共同努力,让周先生的倡议早日成为现实。

（《语言文字周报》,2017年3月29日）

周有光先生有关语文现代化的部分论述

周有光先生已经去世。纪念他的最好方式是认真读他的著作，继承他的学术思想，推动中国语文现代化的发展。周先生是我国著名的语言文字学家，他研究的重点是语文现代化，也就是现代化时期的语文改革。周先生是淹通古今的大家，一生勤奋著述，十五卷的《周有光文集》是语文现代化的百科全书。每一个关心语文现代化的人都要珍视这笔文化遗产，从中汲取智慧。本文作者不避固陋，从周先生的著作中摘取有关语文现代化的部分论述，略加分类，供有兴趣的朋友阅读参考。我相信读了这部分论述的朋友会获得教益，产生阅读周先生更多论著的欲望，会支持语文现代化事业开拓前进。

一、还是叫“语文现代化”好

“(二战后)，国外兴起一门新的学问，叫做‘语言计划’，这跟中国的‘文字改革’名异而实同。‘文字改革’包括语言问题，‘语言计划’包括文字问题。文字改革或语言计划，又称‘语文现代化’。”“‘文字改革’或者‘语言计划’这些说法有时容易发生误解。我从60年代起就改说‘语文现代化’。”(《我和语文现代化》,《新时代的新语文》第220页、第234页)

二、要从世界看中国，研究世界语文现代化的发展趋势

“二战后，新独立 100 多个国家，都有语文建设问题，有的需要规定国家共同语，有的需要设计国家通用文字。文明古国也要更新语文，例如日本战后实行语文平民化，印度制定国家共同用语和邦用共同语。”“语文现代化不是中国一国所特有的工作，而是一种世界性的工作。这一点要使国内更多人知道，以利于中国的改革开放。”(《我和语文现代化》,《新时代的新语文》第 220 页、第 234 页)

“社会的演变和语文的演变是密切关联的。秦并六国，统一天下，实行‘书同文’政策；‘官狱职务繁，初有隶书，以趋约易，而古文由此绝矣’(《说文》)。这是古代的社会演变引起了语文演变。鸦片战争(1840 年)打开闭关自守的清帝国大门，中华民族由震惊而觉醒，开始了中国历史的新篇章，同时，掀起了中国语文的新思潮。这是近代的社会演变引起了语文演变。”(《中国语文的时代演进》第 1 页)

“文明古国要求现代化。现代化要求人民都受教育，都能说共同语，都识字；要求文字容易学习，方便应用；要求写‘活’的白话，不写‘死’的文言。文字改革运动是文化启蒙运动的一个项目。”(《中国的汉字改革和汉字教学》,《周有光语文论集》第四卷第 108 页)

“二次大战以来新兴国家的语文发展趋势是‘罗马化和英语化’。这也是今天全世界语文发展的总趋势。”(《中国语文纵横谈》第 14—15 页)

“中国应当参考世界各国的经验，根据中国自己的具体情况，实

行有利于国家现代化的语文政策。”(《中国语文的时代演进》第 8 页)

三、近百年来，中国语文现代化取得了重大成绩

“‘五四运动’(1919)使‘白话文’代替‘文言文’成为正式文体，提倡‘言文一致’，使人民大众从文言文的束缚下解放出来，这是中国的‘文艺复兴’。‘文艺复兴’应当改说‘文艺新兴’，它是语文和思想的解放，是文化和知识现代化的开始。不幸的是，我国的‘言文一致’运动是难产。”(《中国语文纵横谈》第 34 页)

“汉字改革运动所以开始于清朝末年，就是因为当时的中国社会开始了急剧的变化。”(《汉字改革概论》第 3 版第 5 页)“辛亥革命(1911 年)以后，一个语文现代化运动从酝酿进入实践。”“综观一系列运动的要求，可以归纳为四个方面：语言的共同化，文体的口语化，文字的简便化和注音的字母化。”(《中国语文的时代演变》，第 1—2 页)

“古代的共同语不要求有严格的标准音，使用者只有少数人，主要是官吏和行商。现代的共同语源出于古代，但是不同于古代。它要求有严格的语音标准，并且把普及共同语作为实行全民义务教育的条件。这是建设现代化国家的基础工程。”(《中国语文的时代演进》第 2 页)

“汉字笔画繁、字数多、读音乱、检索难，合称‘四难’。针对汉字的‘四难’，文字改革运动提出‘四定’的对策：定形、定量、定音、定序。”(《中国语文的时代演进》第 4 页)

“五十年来，汉语拼音应用的扩大，快速惊人。原来主要应用于

教育领域,现在显著地应用于工商业领域。原来主要是小学的识字工具,现在广泛地发展为信息传输的媒介。原来是国内的文化钥匙,现在延伸成为国际的文化桥梁。"(《汉语拼音 文化津梁·序言》第1页)

"四十年来的经验表明,汉语拼音方案是一座现代化的文化桥梁。它一方面方便人民大众走向文化,另一方面方便中国文化走向世界。"(《回忆拼音方案的制订过程》,《汉语拼音 文化津梁》第187页)

"'拼音'不是'拼音文字',它的应用推广无害于汉字,反而有利于汉字的存在和使用。"(《中国语文纵横谈》第230页)

"语文生活的前进动力来自三个方面:1.群众的语文运动;2.学者的语文研究;3.政府的语文政策。三个方面是相辅相成的;没有语文运动就没有活力,没有语文研究就不能提高,没有语文政策就难于推行。"(《信息化时代的中国语文现代化》,《语文现代化论丛》第49页)

"2000年,我国公布国家通用语言文字法,这是对过去一个世纪的语文现代化工作做一次肯定的小结,保障语文现代化的成果进一步顺利推行。"(《汉语拼音 文化津梁·序言》第2页)

四、迎接信息化时代

"今天,历史迎来了信息化时代。信息化跟中国语文现代化息息相关。过去的中国语文现代化为中国语文进入信息化时代做了铺平道路的先行工作。今后要百尺竿头更进一步,向信息化时代前进。"(《中国的语文新发展》,《新时代的新语文》第162页)

“计算机的语词处理智能化使语言生活发生多方面的革命。”“计算机发展成为信息网络，小范围的信息网络发展成为国际互联网络，人类历史进入了信息化时代。”(《语言生活的历史进程》，《21世纪的华语和华文》第93页、第95页)

“中国的语言和文字，必须不断进行自我完善化，紧跟着瞬息万变的历史步伐，向信息化时代前进。”(《语言生活的历史进程》，《21世纪的华语和华文》第97页)

(《雅言》第109期，2017年4月6日)

语文现代化研究的富矿

——试论周有光先生的四部学术著作

周有光是我国著名的语言文字学家，他一生出版30多本学术著作，给世人留下了丰厚的文化遗产。本文仅对他的四部著作做一点扼要的介绍。

一、《汉字改革概论》(1979年第3版)

文字改革出版社1961年11月第1版，1964年修订第2版，1979年10月第3版。香港尔雅社1978年复印本。日本罗马字社1985年日文翻译版，译者橘田广国。

这是我国出版的第一本系统论述文字改革的学术著作。第3版全书共七章。第一章"文字改革和文化革命"，说明文字改革是文化革命的重要课题，为了使文字易学便用应当按照文字发展规律进行文字的改进和革新。第二章"汉字改革运动的历史发展"，讲述60多年来的汉字改革经过了三个时期。第一个时期是切音字运动时期，这一时期的主要收获是辛亥革命以后产生了注音字母。第二个时期是广义的拉丁化运动时期，这一时期的主要收获是1958年诞生了汉语拼音方案。第三个时期是汉语拼音教育的普及和汉语拼音文字的成长时期。第三章"汉语拼音方案解说"，讲解了汉语拼音方案的三个先决条件，即字母形式、音节拼写法和语音标准。接着讲解了汉语拼音方案的具体安排，包括：(1) 字母对语音的配合；(2) 字母的顺序、名称和体式；(3) 标调方法；(4) 音节分界法问题。这一章是全书的重点，也是周先生对汉语拼音方案设计的重要贡献，对汉语拼音方案的设计理论有深刻的论述。这一章有三个附录：汉语拼音方案资料；汉语拼音方案拉丁字母式演进比较表；各国拉丁字母名称比较表。这三个附录为读者研究汉语拼音方案提供了完整的资料。第四章"汉语拼音的作用"分为在语文教育上的应用、在科学技术上的应用、少数民族制订文字的共同基础三个方面。这一章是对汉语拼音应用的全面论述，不过没有涉及帮助汉字输入电脑的内容，因为那时这个问题还没有进入社会语文生活。第五章"汉语拼音正字法"着重研究了分词连写法、外来词拼写法、同音词分化法等。正字法后来改为正词法，它是汉语拼音的重要组成部分。汉语拼音方案只规定了音节的拼音法，没有解决词语和句子的拼写问题，必须有正词法才能成为完整的拼写方案。1986 年全国语言文字工作会议后，周先生担任国家语委正词法研究委员会副主任，对正词法做出了进一步的研究。第六章"汉字简化"叙述汉字在历史上的简化演变和 50 年来简化汉字的各种尝试，归结到新中国成立后汉字简化的实现。第七章"汉字改革运动的新发展"分别从业余教育、儿童教育和知识分子三方面对汉字改革的前景做了展望。

总之，《汉字改革概论》是关注汉字改革这一重要文化工程的读者不可不读的著作，不过书中叙述的研究成果截至 20 世纪 60 年代初期。

二、《中国语文的时代演进》(1997 年)

清华大学出版社 1997 年 11 月出版。2003 年,由美籍华裔学者张立青译为英语,由美国俄亥俄大学作为“Pathways 丛书”出版了中英文对照本。湖北教育出版社 2013 年 3 月出版了上述中英文对照本。

这是一本讲述自辛亥革命以来直到 20 世纪末中国语文现代化演变的著作。周先生说:“辛亥革命(1911 年)以来,中国的语言和文字发生了时代性的变化。了解今日中国,不能不了解今日中国的语文情况。”“1912 年推翻帝制,建立民国,这是中国近代历史的大变动。这时候,语言发生了较大的变化。方言分歧的汉族开始要求大家学习国语,实行语同音;白话代替了文言,成为文学正宗,统一汉字读音,反切改为注音字母。这是中国语文向现代化前进的第一步。”“‘五四’白话文运动是中国文化史的古今分水岭,它引发了整个中国文化的革新思潮。历史家把这个运动称为中国的文艺复兴。历史的道路虽然崎岖不平,但是总方向是向现代化前进。”周先生在《中国语文的时代演进》这本书中把近百年来中国语文生活的演变概括为四个方面:语言的共同化、文体的口语化、文字的简便化、注音的字母化。

自古以来汉语方言复杂,不同方言区的人有的彼此不能通话,妨碍信息的交流。为了克服这个障碍,就要推广汉民族的现代共同语——“普通话”,实现汉族学校以普通话为校园语言,公共活动以普通话为交际语言。推广共同语是国家现代化的一项必不可少的先行工作,必须坚持前进。这就是语言的共同化。汉语书面语在古代以古代汉语为基础形成了传统的文言文。文言文和口语严重脱节，束缚思想，而且学习困难，要十年寒窗。“五四”时期掀起了白话文运动，要求以白话取代文言的地位，这一运动引起整个文化界的思想革新。经过20多年的努力，白话文运动取得基本成功。新中国成立后，改革公文语言和学校语文的教学，实现报章语言的口语化，白话文得到长足的发展，为今天的社会主义建设提供了方便快捷的合用文体，这就是文体的口语化。汉字是汉民族唯一的法定文字，它有许多优点，也有不少缺点。汉字的笔画繁、字数多、读音乱、检索难，这叫作“汉字四病”。诊治“四病”要用“四定”，即定量、定形、定音、定序。“定量”就是给汉字进行分级定量，规定扫盲用字、小学用字、一般用字、专业用字的数量。“定形”就是淘汰异体、简化笔画，提高汉字的规范化水平。“定音”就是统一汉字的读音，审定一词多读的异读词，适当减少多音字。“定序”就是统一查字法，发挥拼音音序的作用，促进检索的规范化。“四定”就是文字的简便化。汉字本身缺少完备的表音系统，看到一个字，不知道它的读音，需要注音。古代用“直音”和“反切”，非常不便。1918年公布的注音字母，1928年公布的国语罗马字，都不完全合用。新中国成立后，1958年制订了汉语拼音方案，才有了适用的注音工具。汉语拼音的推行，有利于推广普通话和教学汉字。使用汉语拼音的拼音输入法，已经成为汉字输入电脑的主流。不仅如此，汉语拼音已经被国际标准化组织（ISO）所接受，成为拼写汉语的国际标准。这就是注音的字母化。《中国语文的时代演进》这本书结构谨严、深入浅出，是了解中国语文现代化的重要著作。

三、《汉语拼音 文化津梁》(2007 年)

三联书店 2007 年 9 月出版。

汉语拼音方案于 1958 年 2 月 11 日经第一届全国人民代表大会第五次会议批准，到 2008 年已经 50 年。在纪念方案批准五十年的时候，周先生接受朋友的建议，把他在这之前撰写的有关汉语拼音的五十篇文章结集出版，就是这本《汉语拼音 文化津梁》。

周先生在书的《序言》里说："近 50 年前制订《汉语拼音方案》是十分慎重的。""今天回顾，花这么长的时间来仔细设计这个方案，不是无益的。如果当年留下一点马虎，今天会后悔无穷。""五十年来，汉语拼音的应用扩大，快速惊人。原来主要应用于教育领域，现在显著地应用于工商业领域。原来主要是小学的识字工具，现在广泛地发展为信息传输的媒介。原来是国内的文化钥匙，现在延伸成为国际的文化桥梁。"重读这些文章，我感到十分亲切，它使我们认识了一条规律，那就是周先生说的："一种文化工具，只要易学便用，适合时代需要，它本身就会自动传播，不胫而走。"这条规律对于我们的语言文字工作，具有十分重要的现实意义。

书中五十篇文章可以分为十组，涉及汉语拼音方案制订和推行的方方面面。我们仅提出三个问题，做粗略的介绍。

其一，关于汉语拼音方案的性质，周先生发表了《汉语拼音三原则》和《汉语拼音三不是》，保证了方案研制的正确方向。"三原则"就是拉丁化、音素化和口语化。拉丁化指字母形式采用国际通用的拉丁字母，音素化指采用音素制的音节结构，口语化指拼写普通话的语音系统。汉语拼音方案不是汉字的拼形方案，不是方言的拼音方案，不是文言的拼音方案，这叫作“三不是”。一切违背这“三原则”和“三不是”的意见，都是不正确的。

其二，汉语拼音方案规定了汉语拼音字母的名称，见方案的《字母表》。近些年来，有人对字母名称提出种种意见，要求修改。在《字母名称和拼音教学》和《字母名称的来源》这两篇文章里，周先生指出，汉语拼音字母要有自己的名称，这是国际惯例，不宜采用某种西方字母的名称；字母名称的规定有科学的依据，合理便用。至于字母名称未能得到普遍传播的原因，主要是推行不力，方法需要改进。周先生介绍了教学字母名称的经验，那就是小学上拼音课时先学唱《字母歌》，几次下来学生就学会了字母名称。遗憾的是，这个好经验至今未能推广。

其三，关于汉语拼音正词法，周先生在《汉语拼音正词法问题》《正词法的性质问题》和《正词法的内在矛盾》这三篇文章中做了深入分析，指明了解决问题的途径。汉语拼音方案规定了音节的拼写法，正词法补充规定了词语的拼写法，是完善拼音设计的不可缺少的部分。有人担心实行分词连写汉语拼音就会成为拼音文字，就会取代汉字，这完全是误解。汉语拼音不是拼音文字，只是辅助汉字的工具。依我的浅见，汉语不适合采用拼音文字，自殷商甲骨文到现在，3300 多年来的汉字发展史已经证明了这一点。

四、《比较文字学初探》(1998 年)

语文出版社 1998 年 11 月版。

汉字要不要走拼音化方向，这是汉字研究中的大问题。周先生说：“50 年代，中国成立文字改革委员会，我被调来会中工作。这时候，听到许多人谈论，文字改革的根据是文字的发展规律。什么是文字的发展规律呢？只有简单的一句话，那就是从表形到表意到表音，没有深入的和详细的说明。反对的人说，根本没有这样的文字发展规律。你看，汉字经过三千年，变成拼音文字了吗？对这种反对意见，无人能作使人信服的解答。这是一个复杂的学术问题，不能用三言两语来肯定或者否定。要想进一步了解文字的发展规律，只有进行比较文字学的研究。”比较文字学的研究开始于西方。英国学者葛劳德(Edward Clodd)于1909年出版了《比较文字学概论》。[①] 中国学者林柷敔把它译为中文，1940年由商务印书馆出版。这是中国出版的第一本比较文字学的著作。之后，国内研究比较文字学的著作也寥寥无几。年近古稀的周有光先生退休后奋力研究比较文字学，在93岁的时候，写出了这本《比较文字学初探》。在这部重要的学术书内，周先生提出了许多重要的观点。例如：

他提出了“文字的三相分类法”，就是从三个方面来研究文字的分类。“三相”指符位相(文字的符号外形)、语段相(文字记录的语言段落)、表达相(文字记录的方法)。世界上的各种文字在周先生的三相分类法中都有确定的位置，这样才便于比较。

周先生提出了世界文字发展的三阶段论，就是：形意文字学、意音文字学和字母文字学。汉字和丁头字、圣书字、马亚字同属意音文字。周先生还提出“六书有普遍适用性”，中国汉代学者提出的“六书”理论同样适用于其他意音文字。

周先生断言：“文字制度跟语言的类型是没有关系的。同一种文

① Edward Clodd (1840－1930), *The Story of the Alphabet*, 1909, 1915, 1935, The Library of Useful Stories.

字制度可以书写出各种完全不同的语言。”虽然这个观点并不是所有的文字学家都能同意，但是周先生作为著名学者，他提出的问题应该引起学界的关注和研讨。

关于汉字的发展前途，周先生的看法似乎有了某些改变。他说：“文字制度的重大变化都是在文字传播到异民族以后才发生的。在原民族中间虽然经常发生形体的量变，可是不容易发生结构的质变。传播到异民族中间以后，遇到了新的矛盾，由此引起新的创造。异民族对外来的文字，没有原民族那样固执的图腾习惯。新的创造，特别是从意音制度变成表音制度或半表音制度，初期很难得到当地权威阶层的承认，往往只有文化低下的妇女们使用，被轻蔑地称为‘妇女字’。可是新的创造如果简易便用，经过漫长的传播，最后能从民间文字上升为正式文字。”周先生的这个观点可以理解为像汉字这样的自源文字在原民族中间很难发生体制的改变。

周有光先生是当代中国的著名学者，他的理论贡献是多方面的，影响是深远的。十五卷本的《周有光文集》(2013 年)是语言文字学的宝库，是语文现代化研究的富矿，值得我们特别珍惜。我谨以此文表达我对周先生的崇敬与哀思。

(本文是周老去世后某大报的约稿，因故未能刊出，
后发表在 2017 年 6 月《语文建设通讯》第 114 期)

周有光先生的治学之道

——写在《周有光文集》出版之际

《周有光文集》出版了！周有光先生今年108岁，在语言文字学专家里面是年纪最大的，他值得我们学习的地方很多。

一

我国对汉语文的研究开始得很早，成就很大，但古代的语文研究实际是语文学(philology)的研究，还算不上是语言学(linguistics)的研究。19世纪末的西学东渐时期，开始引进现代的语言文字学。现代汉语汉字研究可以分为本体研究和应用研究两大门类。本体研究，眼睛盯住的是语言的结构。应用研究，眼睛盯住的是使用语言文字的人。应用研究要考虑人的需求、人的感受。没有人文情怀，就无法进行应用研究。在周有光进入汉语文研究以前，汉语汉字的本体研究方面出现了许多大家，可是应用研究方面还相对落后，成果较少。清末以来，随着语文现代化的逐步展开，应用研究被提上了议事日程。周有光就是在这样的条件下全力投入汉语汉字的应用研究，具有很大的开创性，解决了汉语文应用中的许多重大问题，突出的例子是对汉语拼音和汉语拼音正词法的研究。

真正关注现代白话文里的汉字应用，是由周有光倡导的现代汉字学开始。前几年我从《规范汉字表》的研制中深刻地感受到现代汉字学的研究对解决现代汉字应用的重要性。现代汉字学告诉我们汉字难学难用的主要原因,不是笔画繁而是字数多,因此对汉字必须实行分级定量,努力减少汉字的字数。

二

周有光提出了人类语言生活的五个里程碑:文字的创造和传播;民族共同语和国家共同语的确立和普及;传声技术的发明、发展和推广;计算机的发明和语词处理的智能化;国际共同语的成长和流通。

周有光提出了文字的三相分类法,就是从符形、语段和表达法三个侧面全面地观察文字,确定具体文字的类型。在这之前,还没有哪位学者能够从世界文字的全局做出这样清晰的概括。

周有光高瞻远瞩,从宏观方面提出世界文字发展的三个阶段,就是从形意文字到意音文字,再到表音文字。大量应用国内少数民族的文字资料,对上述文字发展的三阶段做了有说服力的论证,建立了中国的比较文字学。这不但直接促进了汉字改革的研究,而且对世界的比较文字学研究做出了贡献。

周有光对汉语和汉字研究提出了要"开辟汉语和汉字研究的新领域"的意见。他说:"从历史来看,汉语和汉字的研究可以分为三个时期。一是传统语文学时期,主要内容是训诂学、音韵学、文字学等。二是现代语言学时期,主要内容是现代汉语的语音学、语法学、方言学等。三是新语文时期,主要内容是中国语文现代化(普通话、白话文、简化字、拼音字母的理论和应用);汉语和汉字的电脑处理(中外文自动翻译、中文信息处理等)。""'科学学'有一条规律:'知识的转移推动科学的发展’。汉语和汉字的研究正在开辟一个新的领域。”

在文化学领域，周有光的贡献很大，影响很广。周有光倡导“双文化论”，指出每一个民族都有自己的传统文化，但是在现代，任何民族都无法离开覆盖全世界的现代文化。人类文化的发展步骤主要有三个方面：一、经济方面：从农业化到工业化到信息化。二、政治方面：从神权政治到君权政治到民权政治。三、思维方面：从神学思维到玄学思维到科学思维。发展有先后，殊途而同归。这是多么大的问题，而周有光举重若轻，谈得深入浅出，发人深省。

三

不论是自然界还是人类社会都是在不停地发展着，发展不是杂乱无章而是富有规律性。事物发展变化的规律不是一眼就可以看到的，而是隐藏在纷繁的表面现象之后，不容易把握。学术研究的崇高使命就是揭示事物本身的发展规律，使人们能够利用规律引导事物向着有利于社会发展的方向发展。“发展是进化，不是退化。”

周有光之所以能揭示事物发展的科学规律，主要的方法是坚持用世界的眼光看中国，坚持科学发展的一元性。中国古代的语言学者受时代的限制，以中国为中心，对中国以外的世界不甚了了。到了近代这种局限严重束缚了国人的眼界，使中国在与外国打交道时吃了大亏。容闳是第一个睁开眼睛看世界的人。周有光进行研究，强调用世界眼光看中国，主要目的是要探讨规律。中国和外国同在一个地球，从中国看中国，眼光狭窄，许多问题看不清楚。从世界看中国，便于发现规律，把握规律。

在语言学研究领域，通过比较发现规律，19 世纪建立的历史比较语言学就是应用这种方法。20世纪，受西方学术的影响，汉语方言研究取得许多突破。周有光说："历史学如果只研究一个国家的历史，或者只研究一个朝代的历史，而没有世界通史的宏观研究，那么，历史学是不完备的。文字学也一样，如果只研究一个国家的文字，或者只研究一种文字，而没有人类文字的宏观研究，那么，文字学是不完备的。"汉字问题十分复杂，单从汉字本身研究汉字，许多问题看不清楚。周有光利用比较文字学的方法，"找寻汉字在人类文字史上的地位"，开辟了汉字研究的新途径。

周有光从世界看中国，不但是便于比较，更主要的是提出一条极为重要的原理，就是科学发展的一元性。他说："任何科学，都是全人类长时间共同积累起来的智慧结晶。颠扑不破的，保存下来；是非难定的，暂时存疑；不符实际的，一概剔出。公开论证，公开实验，公开查核。知识在世界范围交流，不再有'一国的科学''一族的科学''一个集团的科学'。学派可以不同，科学总归是共同的、统一的、一元的。""科学有一元性，不分阶级，不分国家。"这种认识"认为人类文字在不自觉中有一种共同的进化规律，正像生物在不自觉中有一种共同的进化规律一样，这种理解被称为'文字进化论'。"

（《光明日报》，2013年6月23日）

至深至纯师生情

——与周有光先生二三事

我在北大中文系读书时，系里曾邀请周有光先生给我们讲授文字改革课程，这样，我便有幸成了先生的学生。“文革”结束后，我和周先生的来往增多，在这里只说一些往事。

一

近些年来，我一直在努力要为周先生出版多卷本的文集。为此也曾经和几家出版社联系过，但都未能成功。2000 年 2 月初，上海文化出版社总编辑郝铭鉴先生来我家访问，我向他提出为周先生出版文集的事。因为郝先生对周先生素来敬仰，他很爽快地就同意出版四卷本《周有光语文论集》，并由他自己担任责编，不过要我大力协助。我自然义不容辞，乐于协助。我把这件事报告给周先生，他也很高兴。周先生在和出版社签订合同时，特别注明“主编是苏培成”。当我拿到这份合同稿把它转交给出版社时，删去了这句话。因为这些文章是周先生的著作，我做一点编辑加工，是我很愿意做的，谈不到什么名利。这部论集出版时没有主编，只在《出版说明》里提到“论集的编选工作主要由北京大学苏培成同志承担”，这就足够了。

我和周先生很快就开始了论集的编选，周先生极为认真。经过多次往返商讨,最后取得一致意见。前三卷收入七种成本的著作,如《汉字改革概论》《中国语文的时代演进》《比较文字学初探》等,第四卷收单篇论文。每一卷文稿先由我复印做编辑加工,整理好后由周先生审定。周先生同意后,寄到出版社。出版社打出校样负责前几校,再由我负责终校。我、周先生和出版社三方面合作愉快,进展顺利。2002 年 2 月,论集出版,郝铭鉴先生亲自带着样书来京,我们一齐到周先生家。周先生专注地翻看样书表示满意,至此,我终于了却了这桩心事。

二

2007 年 5 月,中国人民大学下属的吴玉章基金委员会进行第五届人文社会科学奖的评奖。我看到征集评奖作品公告后,按照委员会的要求买了三部《周有光语文论集》,亲自送到人民大学科研处申请参评。事有凑巧,过了不久,我收到了吴玉章基金会的聘书,聘请我为这次评奖的评委。我在语言学著作评选的小组,组长是胡明扬先生。因为我不是参评著作的主编,倒也无须回避。8 月份,评选开始。为了做好评选工作,我所在的这个小组专门召开了专家座谈会听取意见。座谈会上,北京大学中文系教授郭锡良说:"我认为在语言学参评的图书中,只有《周有光语文论集》够得上特等奖!"他的意见得到了其他专家的呼应,《周有光语文论集》最后被评为特等奖。

当年 10 月 31 日,中国人民大学举行颁奖会。周先生要我代替他写"作者简介"和"成果简介",并且叮嘱"尽量简短,切勿夸张"。那年周先生已经 102 岁,出门要坐轮椅,由儿子周小平推轮椅,乘坐外甥女婿家的汽车。他让我把这些情况先和会议秘书处说明。如果开会在上午，他让我先来他家，和他一同坐汽车前去。我很愿意参加这次颁奖会，遗憾的是那一天在中国传媒大学举行中日韩汉字学术研讨会，我是中方代表，不能请假。我把情况对周先生说了，请他原谅。后来，我听颁奖会周先生发言的录音。周先生说："我的孙女在小学时候对我说：爷爷，你亏了。你搞经济半途而废，你搞语文半路出家，两个半圆合起来是一个圆。这就是我的写照。"风趣幽默的话，使全场气氛十分活跃。

三

在2007年的那一次评选中，有一部参评图书是《图画文字说与人类文字的起源》。胡明扬先生要我仔细看看这本书，评议时提出初步的意见供各位评委参考。我认真读了这本书，可是有的地方自己也拿不准，我就想起了周先生，他是这方面的专家。我把书尽快转给周先生，没有几天周先生写来了正式的读后意见。大意是："把汉字说成是表意文字。不妥。这种旧说法，不符合事实。汉字中有假借字和形声字，都表音，而且数量大。汉字是表意和表音的意音文字。""书中胡乱混淆语言学和文字学。不妥。文字学在逻辑分类上属于语言学，但是语言学的理论不能胡乱用于文字学。"可见，周先生对待问题非常认真、负责。

虽然这部作品最后落选，未能获奖，但这本参评著作中引用了1992年美国学者D.S.白瑟拉托（D.S. Besserat）著的《文字以前》（*Before Writing*）。这一点引起了周先生的注意。周先生没有读过这本书，很想读一读。他对我说，你看看北大图书馆有没有。我到北大图书馆一查，还真有，于是借出来送给周先生。这是本很厚的英文书，那时周先生正在生病，住在他家附近的隆福医院。我去到医院的病房把书交给他。不到半个月，他把书读完了，由儿子周小平还给了我，我还给了图书馆。102 岁的老人，生病住院期间还在认真读书。我很惭愧，我比周先生小 30 岁，就没有他那种强烈的求知欲。

今年 6 月，周有光先生和我的通信集《语文书简》出版。书中收入我们之间往来的信件 118 封。本文讲的内容在这些信件中都有反映。《语文书简》出版后，语言学界一位有影响的专家给我发来邮件，谈了他的读后感。他说："昨天一口气读完了《语文书简》，这才知道您和周先生之间的师生情有多深、多纯，多么值得珍贵。我也从中获得做人、做学问的许多教益。"我接受了他的鼓励，就化用他的话作为本文的题目，用以自勉。

（《语言文字报》，2016 年 9 月 9 日）

正确认识《汉语拼音方案》的价值和意义

1958年2月11日一届人大五次会议批准发布《汉语拼音方案》，至今已经55年。55年来，汉语拼音辅助汉语汉字担负起交际工具的重任，在社会语文生活中发挥了重要作用。55年来，汉语拼音自身也得到了发展：从音节分写到分词连写，从国内标准到国际标准，推行的范围从中国大陆到台湾、海外华人华裔和世界非华裔民众。

一、55年来，汉语拼音的推行取得了丰硕的成果

第一，给汉字注音，帮助教学汉字，推广普通话。汉字缺少完备的表音系统，从字形上不能知道这个字的准确读音。1913年制订的注音字母，是我国有史以来第一套专用的表音字母。因为它是笔画简单的古汉字，不能用来拼写，而且缺少国际性，流通范围狭窄。汉语拼音克服了注音字母这些缺点，到今天语文教学离不开汉语拼音，推广普通话也离不开汉语拼音。

第二，开展“注音识字，提前读写”小学语文教学改革。1958年《汉语拼音方案》公布后不久，全国许多地方开展了注音识字和推广

普通话教学实验，取得了好的成绩。1982年秋季起，黑龙江省在三所小学六个一年级班开始“注音识字，提前读写”小学语文教学改革实验。儿童入学后，首先学习并熟练掌握汉语拼音，做到直呼音节。然后大量阅读拼音读物、注音读物，通过阅读增识汉字；同时利用汉语拼音和汉字写话作文，进行读写训练。到第一轮实验结束后进行测试，结果是实验班三年级学生的语文水平已经相当于普通班毕业生的水平。1992年9月国家教委发布《小学语文“注音识字，提前读写”教学改革实验纲要（试用稿）》，要求各地促进这一实验不断完善不断提高。2004年以后，该项实验和新一轮的课程改革有机地衔接起来，统一到按新的课程标准审定的教材上来，焕发出新的活力。

第三，拼音输入法成为汉字输入电脑的主流。形码输入方案需要大量记忆，难学易忘，而用汉语拼音作为中介输入汉字，不用另外学习记忆，可以直接在键盘上操作，受到广大知识界用户的欢迎。汉字中同音字很多，对同音字要进行选择，成为拼音输入的瓶颈。后来改用以词为单位输入，降低了选择同音字的麻烦，使得情况出现转机。再加上“高频先见，用过提前”等技术的使用，使拼音输入达到实用阶段。我们提倡拼音输入，并不排斥形码输入，用户可以根据自己的需要选择方便的输入法。

第四，近十多年来，孔子学院在世界许多地方逐渐兴起，对外汉语教学有了新的发展。孔子学院的汉语教学用的是汉语拼音和简化字，充分显示了汉语拼音的不可替代的作用。马庆株教授早就指出：“拼音给汉语插上翅膀，使汉语真正走向世界，这是多大的好事！”“反对汉语拼音，客观效果不是爱国，而是在国外将汉语置于死地，这无疑是损害我国利益的。”

第五，大力发展语文实用技术。55年来利用汉语拼音的各种语文实用技术逐步得到发展。主要有:(1)序列索引,代替传统的“甲乙丙丁”“子丑寅卯”,使序列索引面貌一新。(2)科技代号。(3)行业用语略写。(4)音译术语转写。(5)盲聋语文工具的基础。

二、55 年来推行的实践说明《汉语拼音方案》是最佳方案

当前在继续深入推行汉语拼音中,应该注意解决如下的几个问题:

第一,不断加深对汉语拼音重要性和优越性的认识。汉语拼音的应用还有很大的潜力,还有很大的发展空间。在汉字不便使用或不能使用的领域要大力提倡使用汉语拼音。

第二,改进小学的拼音教学,提高教学质量,坚持做到直呼音节。有人以为加强拼音教学会加重学生的学习负担,这种认识不全面。给学生减负是指减去那些不必要的负担,而拼音教学不属于这一类。“磨刀不误砍柴工”,只有切实学好拼音,才能发挥它的作用。

第三,坚持汉语拼音的分词连写,贯彻《汉语拼音正词法基本规则》,提高拼写水平。语言是以词为单位,不以字为单位。坚持分词连写就能更有效地发挥汉语拼音的作用。

第四,积极开发有关汉语拼音的应用软件,提高软件的智能化水平。

第五,批评妨碍汉语拼音使用的各种不正确的认识,分清是非,克服障碍,为汉语拼音的应用创造良好的社会条件。

三、不要诋毁《汉语拼音方案》

改革开放以来,伴随着汉语拼音的影响不断扩大,我们也不时听到反对汉语拼音的杂音。杂音来自两个方面。一方面有人宣称“汉字是科学、易学、智能型、国际性、优秀高雅文字”,“汉语不需要拼音”,呼吁废止《汉语拼音方案》。这些意见违背了语言文字学的基本理论和国内语文生活的基本事实,受到广大语文工作者的批评和唾弃。另一方面有人认为50多年来汉语拼音至今还没有发展为汉语拼音文字,不能满足信息化、全球化的时代需求,这是汉语拼音的局限性。最近我读到一篇《再论〈汉语拼音方案〉的历史局限性》就属于后一个方面。

这篇文章的基本观点是:“《汉语拼音方案》是拼音方案,不是‘拼音文字方案’,这是我国政府和语文学术界对《方案》的一致定性,也是《方案》不可回避的历史局限性。《方案》的文字拼写符号和语音音标符号都采用拉丁字母和字母组合。字母与音标符号合二而一,是《方案》历史局限性的突出表现。”这样的观点是值得商讨的。《国家通用语言文字法》规定:“国家通用语言文字以《汉语拼音方案》作为拼写和注音工具。”《方案》很好地履行了自身所负的使命。这是它突出的优点,根本不是什么“历史局限性”。汉字要不要改用拼音文字,这无论在学术界还是在社会公众中都还没有形成共识;政府也没有这样的政策。该文呼吁要“打造‘正字法’的金钥匙,去打开‘汉语拼音文字’的世纪之门!”。其实实现汉语拼音文字不只需要具备正字法等技术条件,更需要有拼音文字使用的社会条件,而这种社会条件当前并不具备。该文指责《汉语拼音方案》是“字母与音标符号合二而一”更是概念混乱，文不对题。《汉语拼音方案》拼写的是以北京语音为标准音的普通话语音系统，字母表示北京语音的音素（实际是音位），人们看到字母就知道它表示的什么音素。如果字母不能作为音标符号，我们拟订拼音字母又有什么用处？该文还批评《方案》用注音字母注音，主张“以国际音标取代注音字母”。这种论调完全脱离《方案》产生的背景。1958 年制订《方案》时，社会上真正通行的注音工具只有注音字母。国际音标不是大众化的注音工具，只有少数研究语音的人才熟悉。如果真的“以国际音标取代注音字母”，学习汉语拼音就先要学国际音标，而学会国际音标比学会汉语拼音要难许多倍，对于非专业人员学会国际音标也没有多少用处。这样一来推行汉语拼音必然会遭遇严重的困难。如果你是真正热心中国的语文现代化，就要大力宣传、积极推行《汉语拼音方案》，而不是无根据地谈什么汉语拼音的“历史局限性”，诋毁《汉语拼音方案》。

（《语言文字报》，2013 年 12 月 11 日）

关于汉语拼音字母名称的问答

日前友人来访，聊天中感到当前在推行汉语拼音中，字母名称问题比较突出，有些模糊认识困扰着一些人，需要加以澄清。下面是交谈的主要内容，供有兴趣的朋友参考。

客：汉语拼音字母为什么要有名称？

主：拼音字母要有名称，是为了便于称说。周有光先生说："世界上任何一种音素字母都是音值以外还有名称的，只有音节字母（例如日本"假名"）可以不要另定名称，因为音节里面已经包含了元音。拼音字母的名称是绝对必要的，不是多余的、可有可无的。"

客：照英文字母来读不是很好吗？

主：名称应当以音值为基础；音值不同，名称也就不可能相同。汉语拼音字母的音值跟英文字母音值有好些不一样，所以名称也不应该完全相同。例如字母 a，英文的主要音值是[ei]，所以名称就叫[ei]；汉语主要音值是[ɑ]，所以名称就叫[ɑ]。

客：汉语拼音字母名称很难学，所以实际会读的人很少。

主：汉语拼音字母名称不难学，许多人不会读主要是因为是教学不得法。学习字母名称的最简单的方法，就是学唱拼音字母歌。一学就会，而且终生不忘。周有光先生说："20 世纪 50 年代末，我跟一位幼儿园老师商量好，她在'大班'上课时候，先播放留声机的'拼音字母歌'。第一遍大家静听，第二遍大家跟唱。每天如此。不用任何解说，孩子们很快都学会了'拼音字母歌'。这说明推广新的字母名称并不难，只要教师们愿意实验。"(《幼儿园的小经验》)下面是字母歌：

(1 = C4/4)字母歌 张定和作曲

3 · 2 3 1 | 5 6 5 - | 6 · 5 3 5 | 2 3 2 - |

a b c d e f g h i j k l m n

5 3 5 0 | 1 5 6 0 | 5 6 3 - | 2 3 1 - ‖

o p q r s t u v w x y z

客：《汉语拼音方案》的《字母表》用注音字母给名称注音，现在认识注音字母的人已经很少，用注音字母注音应该改变。

主：上世纪 50 年代制订《汉语拼音方案》时，注音字母是社会上流传很广的字母，《方案》用注音字母给拼音字母名称注音是十分恰当的。到了今天情况发生了变化，这个问题值得研究并设法解决。

客：能不能用国际音标注音？

主：不能。国际音标是语言学家用来记音的符号，比较复杂，比学注音字母还难。没有语言学基础知识的人很难学会。对于不从事语言学研究的人来说，学会了也没有多少用处。

客：能不能用汉字注音？《汉语拼音方案》里的声母韵母不是就用汉字注音吗？

主：不方便。字母名称的读音和声母韵母的读音不同。从读音说，一个汉字是一个音节，音节开头的辅音是声母，辅音后面的部分就是韵母，所以汉字读音的开头部分可以用来给辅音注音，辅音后面的部分可以用来给韵母注音。而有些字母名称的读音没有同音的汉字，所以用汉字给字母名称注音就不方便了。

客：有什么好办法，可以代替注音字母给拼音字母的名称注音？

主:有。用汉语拼音字母的音值可以拼出字母名称的读音。周有光先生做过这件事。下面就是周先生设计的拼音字母名称的读音,可供各界朋友参考:

a bei cei dei e eif gei;

ha i jie kei eil eim nei。

o pei qiu,ar eis tei;

u vei wa,xi ya zei。

(《语言文字周报》,2014 年 7 月 2 日)

区分音节界限三法

《中华人民共和国国家通用语言文字法》规定："国家通用语言文字以《汉语拼音方案》作为拼写和注音工具。"汉语拼音不管是用于拼写还是用于注音，都必须做到音节界限分明。如果音节界限不分明，就会造成理解困难，甚至误解。音节界限分明指的是连写的多音节词的各个音节有清楚的分界。《汉语拼音方案》用三种办法使得音节界限分明。

一、规定连读法

连读法指的是确定相连的几个拼音字母在什么条件下要连在一起读，而不要分开一个个来读。汉语拼音的连读规则有两条：(1)元音字母要连读。根据这条规则，ai 要读"爱"，不读为"阿姨"；uai 要读为"外"，不读为"五阿姨"。这是因为汉语里单元音少、复合元音多。普通话的单元音只有 6 个，就是 a，o，e，i，u，ü；复合元音多，二合的有 9 个，即 ai，ei，ao，ou，ia，ie，ua，uo，üe，三合的有 4 个，就是 iao，iou(iu)，uai，uei(ui)。因此，遇到两三个元音字母在一起时，可以连读的尽量连读，不能连读的再分读。例如 io 在普通话里不能拼合，只能分读。(2)辅音字母要与后面的元音拼读，后面没有元音时才与前面的元音拼读。例如 dangan 里面的 g 要和后面的 an 拼读，读为 gan ，dangan 读为“单干”，不能和前面的 an 拼读，读为 ang。zhang 里的 ng 后面没有元音，才和前面的 a 拼合为 ang，再和 zh 拼读成为 zhang(张)。根据这条规则，连写的两个音节只要后一个音节开头用辅音字母做声母，这个辅音字母就是音节的开头。因为普通话里一共有 21 个辅音字母，除去里面的 n、g，其余 19 个只做声母。例如下面音节里的辅音都在音节的开头：zhufu(嘱咐)、zhidao(知道)、guanxin(关心)、liushen(留神)、jingjue(警觉)。辅音字母 n 既可以做声母又可以做韵尾。例如下面音节开头的辅音做声母，音节末尾的辅音做韵尾：kunnan(困难)、guannian(观念)。单独一个字母 g 只能做声母，例如 linguo(邻国)、youguan(有关)。ng 连在一起时可以做韵尾，例如 wancheng(完成)、yundong(运动)。ng 也可以分属前后两个音节。例如 wangong(完工)、jiangu(坚固)，其中的 g 要向后连读。有了这两条连读规则，许多可能混淆的音节就变得界限分明。例如 piao 应当是“飘”，而不是 piao(皮袄)。上述这两点连读法，《汉语拼音方案》没有单独说明，但是贯彻在《方案》的拼写规则里。

二、采用变字法

采用变字法就是把音节的头一个字母改变形式，使它明显地表示出是音节的开头。上面我们说过，有辅音声母的音节界限就不会混淆。汉语语音里有一些没有辅音声母的音节，我们叫零声母音节，也就是由元音开头的音节。这样的音节有可能造成音节界限的混淆，《方案》规定了解决的办法。普通话有 6 个元音字母，就是 a，o，e，i，u，ü。要把 a，o，e 和 i，u，ü 分开解决。如果把“黑乌鸦”拼为

heiuia，把“义务教育”拼为 iujiaoü，音节界限就会混淆。连读法解决不了这个问题，要用变字法。《汉语拼音方案》规定这些用 i，u，ü 开头的音节采用变字法，把 i，u，ü 改写为 yi，wu，yu。例如，i（衣）改写为 yi，u（乌）改写为 wu，ü（迂）改写为 yu，ia（呀）改写为 ya，ua（蛙）改写为 wa，üe（约）改写为 yue，等等。y、w 这两个字母，就它们的性质说是半元音字母；就它们在韵母中的地位说是韵头字母；就它们能使音节分界分明说是隔音字母。从拼音教学法说，隔音字母居于韵头可以做声母看待。这只是为了方便拼音教学，其实它们并不是声母。

三、增加隔音符号

《汉语拼音方案》规定：“a，o，e 开头的音节连接在其他音节后面的时候，如果音节的界限发生混淆，用隔音符号（’）隔开，例如：pi’ao（皮袄）。”这条规定是要解决由 a，o，e 开头的音节可能造成的音节界限的混淆。如果我们把“皮袄”拼写为 piao 就和“漂”混淆，把“档案”拼写为 dangan 就和“单干”混淆。隔音符号的作用是把可能发生混淆的两个音节隔开，使它们不能连读。加上隔音符号，“皮袄”要拼写为 pi’ao，“档案”拼写为 dang’an 就消除了混淆。据统计，在由元音字母开头的音节中，i，u，ü 开头的占零声母音节的 95%，a，o，e 开头的只占 5%。由 a，o，e 开头的音节，如果和它前面的音节不造成界限混淆，就不加隔音符号。例如 beiai（悲哀）、daan（答案），可见隔音符号的使用概率很低，不会出现满眼都是隔音符号的现象。隔音符号的用或不用，要看是否会造成音节界限混淆，可是在实际应用中，并不是每个使用者都有能力做出正确判断。为了避免出现漏加隔音符号，人们就在 a，o，e 开头的音节的前面一律加隔音符号。这样做增加隔音符号的数量并不多，而且不会带来拼写的不准确。如《现代汉语词典》把“口岸”拼为 kǒu’àn，“巍峨”拼为 wēi’é，“小额”拼为 xiǎo’é。严格地说，像这样的词不加隔音符号也不会造成混淆，不过加上之后音节界限就更清楚了。根据上面的分析，可见用或不用隔音符号要看是不是造成音节界限混淆，而不是看是否加声调符号。汉语拼音用于为汉字注音时，一般要加声调符号；用于拼写语句时，一般不加声调符号。加了声调符号既不便连写也不美观。

总之，《汉语拼音方案》为了使音节界限清楚，采取的这三种办法，既科学又巧妙，使用也比较方便，受到使用者的欢迎。

（《语言文字报》，2017 年 8 月 23 日）

汉语拼音由国内标准发展为国际标准

1958年2月11日，一届全国人大五次会议批准了《汉语拼音方案》，从那时起汉语拼音就成为用罗马字母拼写普通话的国内标准。这些情况大家都很熟悉，不用多说。本文要介绍的是经过多年的发展，汉语拼音也已经成为用罗马字母拼写汉语的国际标准。

这又包括两项内容。第一项是：汉语拼音成为用罗马字母拼写中国地名的国际标准。早在20世纪60年代，联合国地名专家组就主张，应该使地球上每个地名的专名部分只有一种拼写形式，避免在国际交往中地名因语言文字的复杂而造成混乱。1967年联合国第二届地名标准化会议做出决议，要求世界各国、各地区在国际交往中都使用罗马字母拼写地名，做到每个地名的专名部分只有一种罗马字母的拼写形式，这就是“单一罗马化”(Single Romanization)原则。根据这个原则，在1977年9月7日召开的联合国第三届地名标准化会议上，我国代表提议采用汉语拼音作为中国地名罗马字母拼法的国际标准，会议通过了这个议案。例如，“北京”要拼作Beijing，不拼作Peking或Pekin。“焦作”要拼作Jiaozuo，不拼作Chiao-tso。汉语拼写开始走向世界。

第二项是：国际标准化组织(ISO)通过了《中文罗马字拼写法》。在国际交往中，需要进行信息和文献的交流。由于使用罗马字母的信息和文献占主导地位，有必要把非罗马字母的信息和文献转换为罗马字母的信息和文献，这样会有助于图书目录的编写、图书文献的检索和分类、档案材料的管理以及计算机的自动处理。主管世界各国罗马字母拼写法标准的是 ISO/TC 46（国际标准化组织——信息与文献技术委员会）。

1979 年，周有光先生代表中国出席 ISO/TC 46 第 18 届会议，提议把《汉语拼音方案》作为用罗马字母拼写中文的国际标准。这个提议于 1982 年经各会员国投票通过。会议发布的文献是《ISO 7098 文献工作——中文罗马字母拼写法》，简称“ISO 7098（1982）”。这份文件规定：“本国际标准说明现代汉语，即中华人民共和国法定语言普通话（见国务院 1956 年 2 月 6 日颁布的《关于推广普通话的指示》）的罗马字母拼写法原则。”“中华人民共和国全国人民代表大会（1958 年 2 月 11 日）正式通过的汉语拼音方案，被用来拼写中文。转写者按中文字的普通话读法记录其语音。”1991 年，王均先生代表中国出席 ISO/TC 46 第 24 届会议，这次会议对“ISO 7098（1982）”进行了技术修改，成为“ISO 7098（1991）”。这份文件规定：使用 ISO 7098（1991）的汉语拼音，可以通过拼音—汉字转换的方法输入输出汉字，这样拼音—汉字转换法就被引进了国际标准。

2001 年 1 月 1 日我国开始施行的《中华人民共和国国家通用语言文字法》，从法律上确定了《汉语拼音方案》的地位。为了在国际上进一步扩大《汉语拼音方案》的影响，反映当前中文罗马化新发展和实际应用需要，有必要对“ISO 7098（1991）”做出修改。2011 年 5 月 6 日，在悉尼召开的 ISO/TC 46 第 38 届会议上，我国代表冯志伟研究员提出了修改“ISO 7098（1991）”的建议。2014 年 5 月召开的 ISO/TC 46 第 41 届全体会议上，冯志伟就“ISO 7098（1991）”的修订问题说明了中国的立场，会后向 ISO/TC 46 秘书处提交了“ISO

7098"的国际标准草案。2015年7月27日,ISO/TC 46秘书处进行委员会内部投票,提案获得全票通过。2015年12月15日,ISO总部正式出版了"ISO 7098(2015)",作为新的标准向全世界公布。

这次通过的"ISO 7098(2015)"有两大亮点,一个是把汉语拼音按词连写规则引入到国际标准中,这样可以降低汉语拼音产生歧义的数量。例如《通用规范汉字表》里面bei音节有31个字,jing音节有49个字。用拼音拼写这样的音节很容易出现歧义,而双音词beijing只有三个词就是"北京、背景、背静",如果把首字母大写,就只指"Beijing"一个词,消除了歧义。因为汉语拼音的按词连写十分复杂,有些问题还没有解决,在国际标准还不能做到完全按词连写,而专有名词的按词连写比较容易,所以在"ISO 7098(2015)"中规定:在汉语拼音中人名、地名、语言名、民族名、宗教名这五种命名实体都要按词连写。这样就把按词连写引进了国际标准中,与"ISO 7098(1991)"比起来,这是一个重大的进展。另一个亮点是把汉字—拼音转写自动译音的方法引入到国际标准中。通俗地说,就是可以利用计算机或者加以必要的人工辅助,使这五种命名实体自动由汉字转换为合乎规范的汉语拼音。例如"鲁迅"这个笔名,以前至少有12种不同的拼写法,如法文拼作Lou Sin,罗马尼亚文、捷克文、葡萄牙文拼作Lu Sin,波兰文拼作Lu Sun等,根据"ISO 7098(2015)"自动译写为Lu Xun。此外,"ISO 7098(2015)"在汉语拼音标调、标点符号转换等方面列出了更为具体的规则及说明,更新了参考文献和普通话音节形式总表等。修订后的标准更加符合当前信息时代发展的需要,使汉语拼音进一步走向世界。

(《咬文嚼字》,2017年第9期)

汉语拼音：中国语文生活发展的助推器

——纪念《汉语拼音方案》颁布60周年

一、《汉语拼音方案》的制订是国家语文建设取得的重大成果

汉字自古以来就是记录汉语的工具，为中国社会的发展和繁荣发挥了重要作用。作为语素文字的汉字有长处也有短处：重要的长处是具有表意性，比较适合汉语的特点；重要的短处是缺乏完备的表音系统，学习和使用上有许多不便。为了充分发挥汉字的作用就要扬长避短，克服汉字短处的主要方法就是为汉字设计一套辅助性的拼音方案。1913年制订，1918年公布推行的注音字母就是这样的设计。注音字母后来改名为注音符号。注音字母采用的是汉字笔画式的字母，不便连写，不便进行国际文化交流。"（新中国）建国初期，中央为了使人民大众迅速提高文化，把研究制订一个比较理想的拼音方案作为重大工作，由毛主席和周总理亲自领导，由胡乔木承上启下，指导工作。"①经过许多语言学专家的共同努力，在有关各方面积

① 周有光《回忆拼音方案的制订过程》，苏培成《信息网络时代的汉语拼音》第166页，语文出版社，2003年。

极配合下，在距今60年前的1958年2月11日，第一届全国人大第五次会议通过了《关于〈汉语拼音方案〉的决议》，批准了《汉语拼音方案》。这是中国语文建设的一件大事，值得纪念。在《汉语拼音方案》产生的前后，许多语言学家从不同的角度对它做了分析，给予了很高的评价。

吴玉章、黎锦熙说："跟历史上各种拉丁字母式的拼音方案（无论是国语罗马字或者拉丁化新文字）比较起来，现在这个汉语拼音方案草案确实是后来居上。这个草案继承了以前各种方案的优良传统，同时竭力避免了它们的缺点。草案以b，d，g表示清辅音'玻、得、哥'，正是接受了国语罗马字和拉丁化新文字共同的优良传统。草案也继承了拉丁化新文字的另一个显著优点，即舌尖后音zh，ch，sh（知、蚩、诗）和舌尖前音z，c，s（资、雌、思）两两相对，系统整齐，同时又规定了它们的韵母。在标调办法上，草案避免了国语罗马字的条例过繁的缺点，而接受了注音字母的标调符号。总起来说，这个草案确实比60年来任何一个方案都要更加完善。"①

王力指出："这个方案的最大优点，即根本性的优点，就是采用了拉丁字母。在文字改革研究委员会时期以及文字改革委员会初期（1955年10月以前），曾经研究过用汉字笔画的形式（即所谓'民族形式'），后来困难很大，没有找到满意的方案，终于放弃了。我们走了这段弯路也是值得的，因为不是走到了尽头，还不能证明此路不通。汉字笔画方案的缺点很多，譬如说，拼音文字是要求横行连写的。曾经有人企图连写，连写得越好看，就越不像方块汉字；连写得

① 吴玉章、黎锦熙《六十年来中国人民创造汉语拼音字母的总结》，苏培成《当代中国的语文改革和语文规范》第269页，商务印书馆，2010年。

越顺溜，就越像拉丁字母。后来闹成笑话，有人干脆用拉丁字母（稍加变化），硬说是由汉字简化成功的。这样，何不索性就用拉丁字母呢？”①

吕叔湘说：“《汉语拼音方案》用了25个字母，在发表过或推行过的多种方案里边属于字母数目较少之列。”“《汉语拼音方案》采用拉丁字母，大多数字母轮廓显明，容易识别，比斯拉夫字母强，也比阿拉伯文系统的字母和梵文系统的字母强。”“现在国际文化交流越来越频繁，科学技术的国际标准化范围越来越扩大，拉丁字母的作用也越来越重要。《汉语拼音方案》采用拉丁字母是合乎时宜的。如果采用别种字母，在这方面将要忍受极大的不方便。”“有些人对《汉语拼音方案》不满意，就是嫌它字形长。其实五个六个字母的字并不太多。”“所以，把各方面的因素综合起来考虑，《汉语拼音方案》的的确确是最佳方案。”②

周有光说：“汉语的字母方案一百多年来的演变历程是：从外国方案（威妥玛式）到本国方案（注音字母），从民族形式（注音字母）到国际形式（国语罗马字），从内外不同（国内用注音字母，国外用威妥玛式）到内外一致（国内国外都用汉语拼音），从国家标准（国语罗马字、汉语拼音）到国际标准（汉语拼音：ISO 7098）。40年来的经验表明，《汉语拼音方案》是一座现代化的文化桥梁。它一方面方便人民大众走向文化，另一方面方便中国文化走向世界。”③一转眼60年过

① 王力《汉语拼音方案草案的优点》，苏培成主编《当代中国的语文改革和语文规范》第270页，商务印书馆，2010年。

② 吕叔湘《〈汉语拼音方案〉是最佳方案》，苏培成主编《信息网络时代的汉语拼音》第173—174页，语文出版社，2003年。

③ 周有光《回忆汉语拼音方案的制订过程》，同②，第172页，语文出版社，2003年。

去了，重温各位专家的这些意见倍感亲切。在过去的60年中《汉语拼音方案》得到迅速普及，为汉语语文生活的发展做出了重大贡献，当前在中华民族伟大复兴进程中也将要发挥更为重要的作用。

二、汉语拼音的用处

1958年2月3日，时任中国文字改革委员会主任的吴玉章在第一届全国人大第五次会议上所做的报告中对《汉语拼音方案》的用处讲了以下七点：(1)用来给汉字注音，以提高教学汉字的效率。(2)用来帮助教学普通话。(3)用来作为我国少数民族创造文字的共同基础。(4)用来解决人名、地名和科技术语的翻译问题。(5)可以帮助外国人学习汉语，以促进国际文化交流。(6)可以解决编索引的问题。(7)语文工作者可以用拼音方案来继续进行有关汉字拼音化的各项研究和实验工作。除了上述各项比较显著的用处以外，拼音字母在将来还可以用来解决电报、旗语以及工业产品的代号等问题。[①]

在随后的60年中，汉语拼音在以上各方面都发挥了重要作用，而且有了新的发展。特别值得提出的是用于汉字输入电脑的拼音转换法。二战结束后电脑首先在西方得到迅速的发展，由单纯的数值运算发展为对语言文字的信息处理，而在我国由于汉字不同于西方的拼音文字，汉字数量多，结构复杂，一个时期内汉字输入电脑成为瓶颈。这个问题如果不能解决，中国的发展将受到极大的制约。王永民提出的五笔字型输入法取得了突破，但是五笔字型需要记忆的

---

① 吴玉章《关于当前文字改革工作和汉语拼音方案的报告》，《文字改革文集》第155页，中国人民大学出版社，1978年。

单位很多,规则复杂,要经过培训,只能供专业录入员使用,无法成为大众化的文化工具。后来以汉语拼音为基础的拼音转换法出现了,就解决了这个难题。人们输入汉语拼音,电脑软件自动转换为汉字。因为汉语拼音是小学必学的内容,用来输入汉字不必培训,拼音输入很快就成为汉字输入的主流。到今天用拼音把汉字输入电脑和手机早已普及,使中国顺利进入信息网络时代。汉语拼音成为中文输入电脑的通行证,这是60年前制订《汉语拼音方案》时谁也没有想到的。

三、汉语拼音的性质

吴玉章在向第一届全国人大五次会议所做的报告里,对于《汉语拼音方案》的性质做了明确的论述。他说:“汉语拼音方案不是汉语拼音文字。汉语拼音方案的主要用途是给汉字注音和拼写普通话,以帮助识字、统一读音和教学普通话,目的在于便利广大人民的学习和使用汉字,以及促进汉语的进一步统一,并非用来代替汉字。”①

《国家通用语言文字法》第二条规定:“本法所称的国家通用语言文字是普通话和规范汉字。”第十八条规定:“国家通用语言文字以《汉语拼音方案》作为拼写和注音工具。《汉语拼音方案》是中国人名、地名和中文文献罗马字母拼写法的统一规范,并用于汉字不便或不能使用的领域。初等教育应当进行汉语拼音教学。”这是用法律的形式规定了汉语拼音的性质和功能。

汉语拼音有两大功能,就是拼写和注音,应用于极为广泛的领

① 吴玉章《关于当前文字改革工作和汉语拼音方案的报告》,《文字改革文集》第155页,中国人民大学出版社,1978年。

域。人民币上的“中国人民银行”拼写为“ZHONGGUO RENMIN YINHANG”。“北京东四十条”要拼写为“BEIJING DONGSI SHITIAO”。汉字因为不分词连写,“北京东四十条”有歧义,既可以指北京东四地区的第十条胡同,又可以指东城的第四十条胡同。使用拼音没有歧义,但一定要分词连写。不能拼写为“BEI JING DONG SI SHI TIAO”,也不能拼写为“BEIJINGDONGSISHITIAO”。给汉字注音不只用于小学语文教学,还用于汉语的辞书和各种注音读物。如果不用汉语拼音,在需要注音的地方就无法解决,既不能用直音或反切,也不能用注音符号。推行汉语拼音的60年来,注音的功能已经实现,而拼写功能尚待努力,许多该用分词连写的地方尚未分词连写。例如,小学语文教材至今也未能做到分词连写。这一方面是因为中文缺少分词连写的传统,另一方面有些人担心如果分词连写就成了拼音文字。我们认为这种担心是不必要的,政府并没有实行拼音文字的政策,汉语拼音只是辅助汉字的工具。

《汉语拼音方案》是中国人名、地名和中文文献罗马字母拼写法的统一规范。现在中国的国际文化交流日趋活跃,中国人名、地名和中文文献需要用罗马字母拼写的时候很多。在《汉语拼音方案》产生以前,中国人名、地名和中文文献使用的罗马字母拼写法十分混乱,比较流行的有威妥玛式、邮政式、耶鲁式等许多种。这些由外国人设计的方案拼音不规范、不准确、不统一,使用非常不便,1958年有了《汉语拼音方案》这个问题才得到根本解决。1958年吴玉章所做的报告里只是说汉语拼音“可以用来解决人名、地名和科技术语的翻译问题”,而《国家通用语言文字法》表述为“是中国人名、地名和中文文献罗马字母拼写法的统一规范。”这是重要的变化。据最近获得的信息,用汉语拼音表示的中文词语如“Yuan(元)、Nihao(你好)、Jiaozi

(饺子)、Hongbao(红包)、Wanggou(网购)、Zhifubao(支付宝)、Renminbi(人民币)”等已经进入新版《牛津词典》。这是用汉语拼音拼音中文一般词语进入罗马字母世界的新表现,汉语拼音立了大功。

汉字是唯一的法定文字,可是它有不便或不能使用的领域。在《汉语拼音方案》产生以前,这个问题很难解决,自从有了《汉语拼音方案》解决起来得心应手,给应用带来极大方便。例如,用汉字编制序列索引和科技代号,十分笨拙,会严重影响科技的发展。汉语辞书的编排和检索有多种方式,汉语拼音音序法是主流。不会汉语拼音就很难去查阅《新华字典》《现代汉语词典》《辞海》《中国大百科全书》等。汉字输入计算机如果不用拼音转换法而用种种拆字编码,中国就会失去一个大众化的信息处理时代。不用汉语拼音,小学生识字慢而少,无法用汉字写话作文,影响智力发展。

“初等教育应当进行汉语拼音教学”。汉语拼音自 1958 年进入小学语文教学,60 年来发挥了重要的作用。注音扫盲显示了巨大的优越性,获得成功。1982 年秋季在黑龙江佳木斯、讷河、拜泉进行的“注音识字,提前读写”小学语文教学改革实验取得成功。由于发挥了汉语拼音的作用,不但缩短了小学语文教学的时间,而且能早期开发学生的智力,有利于培养一代新人。

总之,《汉语拼音方案》是语文生活发展的金钥匙,我们要充分认识它的重要性,认真做好推行工作。

四、汉语拼音在中华民族伟大复兴进程中将发挥重要的作用

令我们十分高兴的是,在党中央的坚强领导下,中华民族已经进

入伟大复兴的新时期。在这个伟大时期，汉语拼音将发挥重大作用。

第一，有助于极大提高全民的语文素养。语文知识是知识大厦的基础，语文素养是一个人的最基本最重要的文化素质。在提高人的语文素养方面，汉语拼音可以发挥重要作用。我们要继续发挥汉语拼音在推广普通话、推行规范汉字中的重要作用。推广普通话时要用汉语拼音注音，才能克服方音的干扰，学会比较标准的普通话。其次，不能只靠口耳传授，主要靠阅读带有汉语拼音的注音读物。规范汉字涉及汉字的形、音、义、用几个方面，要读准汉字读音，离不开汉语拼音。汉字中的多音字占常用字的十分之一，是学习汉字的难点，克服这个难点也离不开汉语拼音。一个人的语文学习除了接受正规语文教育外，主要靠自学。自学离不开各种工具书，使用工具书离不开汉语拼音。人们的观念正在转变，汉语拼音绝不仅限于注音的拐棍，而是有多种重要用途。不是会认读汉字就可以丢掉的，而是终生相伴不离。

第二，有助于促进新技术革命的深入发展。60 年前研制《汉语拼音方案》的时候，没有人会想到在汉字电脑输入上，汉语拼音会起到如此大的作用。当今世界新技术革命的高潮已经到来，大数据、云计算、“互联网 + ”、人工智能等方兴未艾。中文信息处理由字处理发展到词处理、篇章处理，电脑的运用会越来越重要。用电脑进行中文信息处理离不开汉语拼音。中国已经实现了电话化，而且正在实现手机化。拼音输入已经成为国民必备的文化素养，各种形码只能起配合应用的作用，不能成为主流。可以预言，在这场科技新高潮中，汉语拼音将会扩展延伸它的功能，发挥重要作用。

第三，有助于深入拓展汉语的国际传播。随着中国国力的不断增强，汉语的国际传播迎来了历史的新机遇，而汉语的国际传播离不开汉语拼音。事实是汉语拼音早已走出国门，成为中国与世界各国进行国际文化交流的桥梁。利用拼音拼写汉语通过互联网可以无障碍地传遍全世界。使用汉语拼音拼写的汉语词语在罗马字拼写法中日益增多。除了 PINYIN（拼音）、GUOBIAO（国标）、RMB（人民币）这些老的汉语拼音词语外，ZGM（中国梦）、YDYL（一带一路）等，已经逐渐成为世界性的词语。汉语汉字正在稳步走向世界。除了中国外，全世界学习使用汉语的人数已经超过 1 亿。在不少国家出现的汉语热正在升温。在海外，学习汉语汉字绝大多数都离不开汉语拼音的辅助。汉语拼音给汉语汉字插上翅膀，使汉语汉字更容易地走进异国他乡。

（《北华大学学报》，2018 年第 2 期）

国语罗马字和拉丁化新文字

一、国语罗马字

1. 国语罗马字运动的兴起

1918 年，也就是注音字母公布的前夜，继“文学革命”之后，提出了“汉字革命”的口号。在《新青年》第 4 卷第 4 期上，钱玄同发表了《中国今后之文字问题》。文章说：“欲废孔学，不可不先废汉文；欲驱除一般人之幼稚的野蛮的顽固的思想，尤不可不先废汉文。”因为“此种文字，断断不能适用于二十世纪之新时代”。他赞成吴敬恒提出的办法：限制汉字字数，夹用“万国新语”（世界语），逐渐废除汉字。陈独秀的答复是：赞成废除汉字，不赞成废除汉语，认为“惟有先废汉文，且存汉语，而改用罗马字母书之”。胡适表示极赞成陈独秀的意见，认为“凡事有个进行次序。我以为中国将来应该有拼音的文字，但是文言中单音太多，决不能变成拼音文字。所以必须先用白话文字来代文言的文字；然后把白话的文字变成拼音的文字。”自此之后，汉字改革的讨论就围绕着改用罗马字问题逐步展开了。

在讨论中，不少人表示赞成用罗马字母拼写汉语。吴敬恒在《新青年》第 5 卷第 5 期上发表《补救中国文字之方法若何?》，坚持用世界语代替汉语,反对罗马字拼音。针对吴敬恒的观点,傅斯年在1919年出版的《新潮》第1卷第3期上发表长文《汉语改用拼音文字的初步谈》,主张用罗马字母的拼音文字拼写汉语。他用问答的形式表明自己的意见:"(1)汉字应当用拼音文字替代否?答:绝对的应当。(2)汉语能用拼音文字表达否?答:绝对的可能。(3)汉字能无须改造用别种方法补救否?答:绝对的不可能。""只有根本推翻,没法补救"。对于制订拼音文字,他认为:字母,以罗马字母为本;字音,用蓝青官话;文字结构,以词为单位;先从编写拼音文字字典开始着手。他的文章对推动国语罗马字运动的发展起了积极的作用。从1918年到1919年,讨论汉字改革的刊物,除了《新青年》《新潮》外,还有《东方杂志》《学灯》等。总之,这一时期提出并讨论了汉字改革种种问题,带有强烈的反封建的意识,不过有的意见比较偏激,没有把汉字和汉文分清,认为要反对汉文传播的内容就必须废除汉字。

2. 国语罗马字的研究

1919年以后,汉字改革问题一时又沉寂下来。直到《国语月刊》的发行(1922年),才掀起新的高潮。《国语月刊》先后出版了"汉字改革号"(第1卷第7期)和"字母讨论号"(第2卷第1期),其中既有汉字改革理论的研究,又有罗马字母拼音方案设计的讨论。"汉字改革号"的首篇是钱玄同的《汉字革命》,主张废除汉字,改用罗马字母拼音。他批判清末切音字运动不主张废除汉字是"灰色的革命",认为"惟有响响亮亮的说'汉字应该革命!'对于那'骸骨之迷恋者',拼个你死我活,毫无妥协的余地。如此,则汉字改革的事业才有成功的希望。"他认为不但要谋"汉字之根本改革",而且要干"汉字之根本改革的根本改革";"什么是'汉字之根本改革的根本改革?'就是拼音字母应该采用世界的字母——罗马字母式的字母。”黎锦熙发表了《汉字革命军前进的一条大路》，强调“词类连书”（分词连写）对汉语拼音文字的重要性。他认为过去拼音文字的失败是因为不知道词类连书，词类连书是汉字革命军通向拼音文字一条大路。现在认清了这条大路，就应该大胆地倡言汉字革命，兴起汉字革命军。他对词类连书做了详细的研究和分析。这是对正词法的第一次比较系统的研究。

关于罗马字母拼音方案设计的讨论，在“汉字改革号”上发表了钱玄同拟的甲乙两式。他并不主张直接采用二十六个罗马字母。他认为罗马字母有“音太缺乏”“音有重复”“音无定读”三个缺点，主张采用罗马字母式的国际音标。他的甲式就用国际音标，可是他又说，如果印刷或打字发生困难时，可以用乙式，即罗马字母来代替。后来，他的观点有改变，认为国际音标复杂细密，宜于严式之审音，不宜于宽式之实用，转而赞成纯用罗马字母。

“汉字改革号”还发表了赵元任的《国语罗马字的研究》，提出详细的“国语罗马字的草稿”，主张限用现成的拉丁字母，用字母拼法的变化来表示声调，不造新字母，不用附加符号。赵元任的这个方案比切音字时期的所有方案都完善，这个草稿给后来国语罗马字的制订提供了基础。下面是赵元任方案的要点：

声母：b　p　m　f　　d　t　n　l　　ㄅㄆㄇㄈ　ㄉㄊㄋㄌ

g　k　q　x　　j　tc　n　c　　ㄍㄎㄫㄏ　ㄐㄑㄬㄒ

j　tc　c　r　　z　ts　s　　ㄓㄔㄕㄖ　ㄗㄘㄙ

韵母：(j、tc、c、r)-r　(z、ts、s)-z　（但单 r 字不重写）（但单 z 字不重写）

i　u　y　　y　w　yv　　ㄧㄨㄩ　ㄧㄨㄩ的阳平

a o e e ai ei ao ou	ㄚㄛㄜㄝ ㄞㄟㄠㄡ
an en aq eq er	ㄢㄣㄤㄥㄦ
ia io ie iai iao iu	ㄧㄚ ㄧㄛ ㄧㄝ ㄧㄞ ㄧㄠ ㄧㄡ
ien in iaq iq	ㄧㄢ ㄧㄣ ㄧㄤ ㄧㄥ
ua uo uai uei,ui	ㄨㄚ ㄨㄛ ㄨㄞ ㄨㄟ
uan uen,un uaq ueq	ㄨㄢ ㄨㄣ ㄨㄤ ㄨㄥ
ve van vn ioq	ㄩㄝ ㄩㄢ ㄩㄣ ㄩㄥ(ㄧㄨㄥ)

声调：阴平声加 h(仿德文长音例)；阳平声开口呼的把声母双写，有 i、u、v 的改作 y、w、yv；上声把主要元音双写；去声不用符号(理由另详)；入声也加 h，在字典里和教科书里加 h'；轻音字永远轻读的也用去声符号(就是不用符号)。偶尔轻读仍照原来声调写。(这类字的音本来是中性的短音，去声的音高也是不高不低，读短些也差不多。例如“先生”的“生”是轻音，所以就和“先胜”念快了差不多)

周辨明发表《中华国语音母和注声的刍议》(《国语月刊》第 1 卷第 10 期)，提出了自己的设计。在《国语月刊》第 1 卷第 12 期上，他又发表《中华国语音声字制》，自称是“修订的赵制”，“其中最要紧的改变就是阳声字不用双母”。林玉堂发表《赵式罗马字改良刍议》(《国语月刊》第 2 卷第 1 期)，认为赵元任方案“最要紧的贡献就是用整个字母、不用符号注声调的一个办法。我们须要承认这个是惟一无二可行的办法，再不容怀疑了，再不容讨论了”。他在指出赵式不足之处后，提出了一个改良国语罗马字的草稿。在同一期的《国语月刊》上，赵元任发表《新文字运动底讨论》，采纳了别人提出的修改意见，形成了“1923.9.1 拟的国语罗马字”方案，是前一个方案的修正案。自此国语罗马字之雏形已略完具。

3. 国语罗马字方案的制订和公布

1923年教育部国语统一筹备会召开第五次大会，在会上钱玄同提出“请组织国语罗马字委员会案”，认为“二十六个罗马字母，现在已成为世界通用的字母”，主张在用注音字母的同时兼用罗马字母，“将罗马字母作为国音字母的第二式”。提案由黎锦熙、黎锦晖、汪怡三人联署。大会于8月29日议决组织“国语罗马字拼音研究委员会”，指定会员钱玄同、黎锦熙、黎锦晖、赵元任、周辨明、林玉堂(林语堂)、汪怡、叶谷虚、易作霖、朱文熊、张远荫十一人为委员。可是由于时局动荡，委员会无法进行工作。后来，语言学家刘复发起由在京的音韵学家组成“数人会”，从事国语罗马字拼音方案的研究。数人会本是音韵学者个人的联谊会，兼作讨论学理的聚谈。参加者除刘复外，还有赵元任、林语堂、汪怡、钱玄同、黎锦熙。这五个人都是国语罗马字研究委员会的成员。从1925年9月到1926年9月，用了一年时间，开会二十二次，议定了一份《国语罗马字拼音法式》，向国语统一筹备会提出。国语统一筹备会于9月14日召开国语罗马字拼音研究委员会议决通过，于20日函请教育部公布，但教育部延宕未决。国语统一筹备会不得已于11月9日自行公布。过了两年，在1928年9月，南京政府大学院才正式公布《国语罗马字拼音法式》：

国语罗马字拼音法式

(1928年9月26日大学院布告)

1. 声母

ㄅ	ㄆ	ㄇ	ㄈ	ㄪ*	b	p	m	f	v*
ㄉ	ㄊ	ㄋ		ㄌ	d	t	n		l
ㄍ	ㄎ	ㄫ*	ㄏ		g	k	ng*	h	

ㄐ	ㄑ	ㄬ*	ㄒ		j	ch	gn*	sh	
ㄓ	ㄔ		ㄕ	ㄖ	j	ch		sh	r
ㄗ	ㄘ		ㄙ	ㄙ’*	tz	ts		s	z*
ㄧ	ㄨ	ㄩ			y	w	y(u)		

2. 韵母(基本形式)

开	ㄖㄙ’	ㄚ	ㄛ	ㄜ	ㄝ*	ㄞ	ㄟ	ㄠ	ㄡ	ㄢ	ㄣ	ㄤ	ㄥ	ㄨㄥ	ㄦ
齐	ㄧ	ㄧㄚ	ㄧㄛ		ㄧㄝ	ㄧㄞ*		ㄧㄠ	ㄧㄡ	ㄧㄢ	ㄧㄣ	ㄧㄤ	ㄧㄥ	ㄩㄥ	
合	ㄨ	ㄨㄚ	ㄨㄛ			ㄨㄞ	ㄨㄟ			ㄨㄢ	ㄨㄣ	ㄨㄤ	ㄨㄥ		
撮	ㄩ				ㄩㄝ					ㄩㄢ	ㄩㄣ				
开	y	a	o	e	ê*	ai	ei	au	ou	an	en	ang	eng	ong	el
齐	i	ia	io		ie	iai*		iau	iou	ian	in	iang	ing	iong	
合	u	ua	uo			uai	uei			uan	uen	uang	ueng		
撮	iu				iue					iuan	iun				

(注一)表有 * 号者系今音不用或罕用之音。

(注二)声母ㄐ、ㄑ、ㄒ仅有齐撮,ㄓ、ㄔ、ㄕ仅有开合,故可同用 j、ch、sh 三母而不混,以避字形过于繁细。

(注三)ㄧ、ㄨ、ㄩ本兼声韵两用,故国语罗马字亦列 v、w、y (u)。在上去齐撮韵字别无声母时须将第一字母改为 y 或 w,如-iee、-uay 独用时作 yee 也、way 外。但如改后形与他韵混或全无元音时则在第一字母前加 y 或 w,如-eu、uh 独用时作 yeu 雨、wuh 雾(非 yu、wh)。

(注四)注音字母对于“知、痴、诗、日、兹、此、四”等字未制韵母,今以 y 表之。

(注五)“东、送”与“翁、甕”等不同韵,故ㄨㄥ分为开口 ong 与合口 ueng 两韵。ㄩㄥ韵近齐齿，故亦归第二排。

3.声调

阴平：(1)用“基本形式”，如 hua 花、shan 山。本式包括轻声、象声字、助词，如 ma 吗、aia 阿呀。

(2)但声母为 m、n、l、r 者加 h，如 mhau 猫、lha 拉。

阳平：(1)开口韵在元音后加 r，如 char 茶、torng 同、parng 旁。

(2)韵母第一字母为 i、u 者，改为 y、w，如 chyn 琴、hwang 黄、yuan 元；但 i、u 两字母为全韵时改为 yi、wu，如 pyi 皮、hwu 胡、wu 吴。

(3)声母为 m、n、l、r 者用“基本形式”，如 ren 人、min 民、lian 连。

上声：(1)单元音双写，如 chii 起、faan 反、eel 耳。

(2)复韵母首末字母为 i、u 者改为 e、o，如 jea 假、goan 管、sheu 许、hae 海、hao 好；但既改头则不再改尾，如 neau 鸟、goai 拐。

(3)ei、ou、ie、uo 四韵准上声第(1)条，如 meei 美、koou 口、jiee 解、guoo 果。

去声：韵尾为-i、-u、-n、-ng、-l，或-(无)者各改为-y、-w、-nn、-nq、-ll，或-h，如 tzay 在、yaw 要、bann 半、jenq 正、ell 二、chih 器。

附记

1.在官话区域内仅长江下流有短促之入声。如欲表入声时可用-q 韵尾，如 tieq 铁、loq 洛。

2.罗马字母之 v、x 二母，不作拼国音用，惟重字可用 x 代之，如 pianpian(偏偏)可作 pianx；隔一字重者可用 v 代，如 kann i kann(看一看)可写作 kann i v：重二字者可作 vx，例如 feyshin feyshin(费心费心) 可作 feyshin vx。

3. 南京、杭州、北平新旧都城皆富于卷舌韵。国音也可采用，其拼法原则如下：

(1)韵尾之 i、n 音省去，例如“孩儿”(hair-erl)作 harl，扇儿(shann-erl)作 shall，味儿(wey-er)作 well。(2)(y)、i、iu 三韵加 el；其余加 l，如丝儿(sy-erl)作 sel，今儿(jin-erl)作 jiel，鱼儿(yu-erl)作 yuel；明儿(ming-erl)作 mingl，后儿(how-erl)作 howl。

4. 根据国语罗马字原则可拼各地之方音。如江浙间有 bh、dh、gh、dj、dz 等浊母，如 bhu 蒲、dji 其、dzy 慈。西安有 bf、pf 等声母，如 bfang 庄、pfu 初。广州有 m、p、t、k 韵尾，如 sam 三、lap 立、tzit 节、hork 学。

5. 如用西文次第读字母名称时，须依照国音读之如下：

a	b	c	d	e	f	g,	h	i	j	k	l	m
ㄚ	ㄅㄜ	ㄙㄜ	ㄉㄜ	ㄜ	ㄈㄜ	ㄍㄜ	ㄏㄜ	ㄧ	ㄓ	ㄎㄜ	ㄌㄜ	ㄇㄜ

n,	o	p	q,	r	s	t,	u	v	w,	x	y	z.
ㄋㄜ	ㄛ	ㄆㄜ	ㄎㄨ	ㄖ	ㄙ	ㄊㄜ	ㄨ	ㄪㄜ	ㄨㄜ	ㄎㄙ	ㄧㄜ	ㄙ’

(以下有“单字音全表”，即音节表，从略)

国语罗马字在公布之后就开始了推行工作。由于当时的政府对推行并不热心，再加上它的拼写规则比较苛细，推行的效果并不理想。尽管做了许多努力，却始终没有走出知识分子的圈子。1934 年以后，推行走向低潮，代之而起的是拉丁化新文字。

4. 国语罗马字的分析

国语罗马字是一个接近成熟的拼音方案，它的产生是汉语拼音史上的一次飞跃。国语罗马字制订中的以下四点经验，应该重视。

(1)采用国际通用的二十六个罗马字母。不用新字母，因为新字母不容易被普遍接受，不受欢迎；不用附加符号，因为附加符号不便书写，不便机械应用。主要用条件变读和字母组合的方法来解决字母数量不足的问题。例如，用 j、ch、sh 的条件变读表示ㄐ、ㄑ、ㄒ和ㄓ、ㄔ、ㄕ。ch、sh、tz、ts 都是双字母。从此，字母形式从汉字笔画式转向罗马字母(拉丁字母)式，拉丁化成为汉字改革运动的主流。

(2)采用音素制的音节结构。汉语拼音中如何使用罗马字母，并没有成熟的经验，许多都要独立摸索，从头做起。字母和音素的配合，既要考虑到罗马字母在国际上的使用习惯，又要考虑到汉语的特点，取得了成功。例如，用 b、d、g 和 p、t、k 表示对应的不送气清塞音和送气清塞音。

(3)汉语是有声调的语言，汉语拼音要表示声调。用附加符号表示，有利也有弊。“避免附加符号改用字母标调之原则，则实中国所特创。盖自朱文熊、黄虚白、刘继善以来已渐有此意识，而尚语焉不详。及赵元任倡之，周辨明等和之，复经‘数人会’反复磋商，斟酌损益，始成国语罗马字之拼法条例。”[①]

(4)注重词儿连写，提高了正词法技术。国语罗马字作为拼音文字来设计，一开始就重视词类连书。

5. 国语罗马字的修订

1940 年 10 月，国民政府把国语罗马字改名为“译音符号”，作为注音符号第二式。1984 年 5 月 10 日，台湾教育主管部门发表公告，

① 罗常培《汉语拼音字母演进史》第 20 页，文字改革出版社，1959 年。

宣布把“译音符号”改名为“国语注音符号第二式”（ㄅ、ㄆ、ㄇ、ㄈ为国语注音符号第一式），同时公布了经过修订的试用方案，开始试用。1986 年 1 月 28 日，台湾教育主管部门又发表公告，公布《国语注音符号第二式》正式方案，并宣布自公告之日起正式使用。这个正式方案对 1984 年的试用方案做了一些改动。下面是台湾教育主管部门公布的《国语注音符号第二式》正式方案：

一、国语注音符号第二式

国语注音符号第二式				
㈠声　母				
唇　音	b	p	m	f
舌尖音	d	t	n	l
舌根音	g	k	h	
舌面音	j(i)	ch(i)	sh(i)	
翘舌音	j	ch	sh	r
舌齿音	tz	ts	s	
㈡韵　母				
单韵㈠	r,z			
单韵㈡	i,yi	u,wu	iu,yu	
单韵㈢	a	o	e	ê
复　韵	ai	ei	au	ou
声随韵	an	en	ang	eng
卷舌韵	er			
㈢ 结合韵母(前有声母时用)				
齐齿呼	ia	io	ie	
	iai	iau	iou	
	ian	in	iang	ing
合口呼	ua	uo	uai	uei
	uan	uen	uang	ung
撮口呼	iue	iuan	iun	iung
㈣声　调				
阴平声	ˉ			
阳平声	ˊ			
上　声	ˇ			
去　声	ˋ			
轻　声	(不加)			

二、国语注音符号第二式与第一式对照表

	国语注音符号第一式				国语注音符号第二式			
	㊀声　母							
唇　音	ㄅ	ㄆ	ㄇ	ㄈ	b	p	m	f
舌尖音	ㄉ	ㄊ	ㄋ	ㄌ	d	t	n	l
舌根音	ㄍ	ㄎ	ㄏ		g	k	h	
舌面音	ㄐ	ㄑ	ㄒ		j(i)	ch(i)	sh(i)	
翘舌音	ㄓ	ㄔ	ㄕ	ㄖ	j	ch	sh	r
舌齿音	ㄗ	ㄘ	ㄙ		tz	ts	s	
	㊁韵　母							
单韵㊀	(ㄭ)				r、z			
单韵㊁	ㄧ	ㄨ	ㄩ		i、yi	u、wu	iu、yu	
单韵㊂	ㄚ	ㄛ	ㄜ	ㄝ	a	o	e	ê
复　韵	ㄞ	ㄟ	ㄠ	ㄡ	ai	ei	au	ou
声随韵	ㄢ	ㄣ	ㄤ	ㄥ	an	en	ang	eng
卷舌韵	ㄦ				er			
	㊂结合韵母(前有声母时用)							
齐齿呼	ㄧㄚ	ㄧㄛ	ㄧㄝ		ia	io	ie	
	ㄧㄞ	ㄧㄠ	ㄧㄡ		iai	iau	iou	
	ㄧㄢ	ㄧㄣ	ㄧㄤ	ㄧㄥ	ian	in	iang	ing
合口呼	ㄨㄚ	ㄨㄛ	ㄨㄞ	ㄨㄟ	ua	uo	uai	uei
	ㄨㄢ	ㄨㄣ	ㄨㄤ	ㄨㄥ	uan	uen	uang	ung
撮口呼	ㄩㄝ	ㄩㄢ	ㄩㄣ	ㄩㄥ	iue	iuan	iun	iung
	㊃声　调							
阴平声	(不加)				ˉ			
阳平声	ˊ				ˊ			
上　声	ˇ				ˇ			
去　声	ˋ				ˋ			
轻　声	˙				(不加)			

附注：

一、韵母中之单韵㊀系舌尖元音，单韵㊁系可作介音用之高元音，单韵㊂系开口呼之单元音。

二、结合韵母无声母相拼时，拼法见说明第七条。

三、拼法说明

㊀声母符号 b、d、g、j(i)、j、tz 为清音不送气；p、t、k、ch(i)、ch、ts 为清音送气。

㊁舌面声母与翘舌声母，其符号虽同为 j、ch、sh，但舌面声母仅可与细音韵母（即齐齿、撮口二呼）相拼，j、ch、sh 之后必有韵母符号“i”；而翘舌声母不可与细音韵母相拼，故 j、ch、sh 之后必无“i”音。因此不致相混淆。

㊂韵母符号仅单韵“帀”，卷舌韵“ㄦ”二音，“帀”在翘舌音之后者，写作“r”，如：jr̄（知）、chŕ（持）、shř（始）、r̀（日）；在舌齿音之后者，写作“z”，如：tz̄（资）、tsź（慈）、sz̀（四）。

㊃单韵“帀”使用 r 及 z，如与声母ㄖ或ㄗ相拼时，因在声母符号中已有 r 或 z，故可省略一个 r 或 z。如：“日”拼作 r̀，而不拼作 rr̀；“子”拼作 tž，而不拼作 tzž。

㊄卷舌韵ㄦ之拼法虽用 er，如“ㄦ”拼作 ér，但在拼写儿化韵时，仅需在各该儿化词韵母符号后，加 r 尾表示之即可，省略 e 字母。如“花儿”拼作 huār，“叶儿”拼作 yèr，“狗儿”拼作 gǒur。

㊅结合韵母符号“ㄨㄥ”与声母相拼时为-ung。

㊆非开口呼韵母，无声母相拼时：①单韵母：“ㄧ”“ㄨ”“ㄩ”单独使用应改作 yi、wu、yu；②结合韵母中之“ㄧ”应改作 y，“ㄩ”应改作 yu，“ㄨ”应改作 w。详见下列附表：

ㄧ	ㄧㄚ	ㄧㄛ	ㄧㄝ	ㄧㄞ	ㄧㄠ	ㄧㄡ	ㄧㄢ	ㄧㄣ	ㄧㄤ	ㄧㄥ
yi	ya	yo	ye	yai	yau	you	yan	yin	yang	ying
ㄨ	ㄨㄚ	ㄨㄛ	ㄨㄞ	ㄨㄟ	ㄨㄢ	ㄨㄣ	ㄨㄤ	ㄨㄥ		
wu	wa	wo	wai	wei	wan	wen	wang	weng		
ㄩ	ㄩㄝ	ㄩㄢ	ㄩㄣ	ㄩㄥ						
yu	yue	yuan	yun	yung						

㊇单韵母“ㄝ”符号单独使用时作“ê”，与“ㄧ”“ㄩ”拼合时则作“e”。

㊈四声调号采用已公布通行之注音符号第一式所用者，阴平为ˉ，阳平为ˊ，上声为ˇ，去声为ˋ，加在韵母之主要元音上端。不加任何调号者，则为轻声。例如：

伟 wěi 大 dà 的 de 中 jūng 华 huá，锦 jǐn 绣 shiòu 的 de 河 hé 山 shān。

㊉采用词类连书时，若遇前后二音节有相混可能者，以隔音短横“-”加在其间，作为音界线。例如：shi-ān（西安），shiān（仙），fā-nàn（发难），fān-àn（翻案）。

⑪中国人名译音，依照中国姓名习惯，姓在前，名在后。凡名字不止一字者，前后二字音节应加音节线。如：Chén Huái-shēng（陈怀生）Yú Yòu-rèn（于右任）

㈢专有名词如人名、地名，第一个字母应采用大写。在日常使用上，人名、地名之拼音可不加四声调号，以资便捷。

修订后的国语罗马字，即“国语注音符号第二式”，和汉语拼音方案非常接近。主要的差别只有：(1)汉语拼音方案的 zh、ch、sh、r、z、c、s，第二式作 j、ch、sh、r、tz、ts、s。汉语拼音方案的 j、q、x 是专用字母，第二式用 j、ch、sh 变读。(2)舌尖韵母，汉语拼音方案用-i，国语罗马字用-y，第二式用-r 和-z。(3)汉语拼音方案的 ao、iao，第二式作 au、iau。汉语拼音方案的 ong，第二式作-ung 和 ueng。(4)汉语拼音方案的 ü、üe、üan、ün、iong，第二式作 iu、iue、iuan、iun、iung。(5)汉语拼音方案隔音用’号，第二式隔音用短横。

二、拉丁化新文字

1. 拉丁化新文字的拟订

十月革命后，苏联总人口的 72% 是文盲，60% 的少数民族和部族没有文字，或者文字很不完备。1920 年，苏联开始扫除文盲，在扫盲工作中，要为没有文字或文字不完备的民族和部族创制或改革文字。列宁指出：“拉丁化是东方伟大的革命。”所以，这些新创制或改革的文字，都采用了拉丁字母。在扫盲运动中，共有两千五百万非俄罗斯人学会了使用拉丁化新文字。就在这一运动中，开始了中国字的拉丁化过程。

20 世纪二十年代，在苏联远东地区做工的华侨有十多万人，大多是文盲。在苏联的扫盲运动中，这些华工成了扫盲的对象。最初是用汉字扫盲，结果是费时多，效率低，学了两三年还不会读写。

1927年中国大革命失败后，有些中国共产党员来到了苏联，进入了莫斯科的中国劳动者共产主义大学。1928年2月，在这所大学的中国问题研究所里工作的中国共产党党员瞿秋白、吴玉章、林伯渠、萧三等，开始研究用拉丁字母的拼音中文扫除华人文盲。苏联汉学家郭质生、莱赫捷、史萍青等人也参加了这项工作。1929年2月瞿秋白草拟了中国拉丁化字母方案，并在同年10月写成《中国拉丁化的字母》一书，1930年在莫斯科出版，引起了苏联学术团体的注意。这本书有三个部分：第一部分谈汉字的难学和中文采用字母拼音的可能性；第二部分谈声调，认为拼音文字不必把声调的分别表示出来；第三部分是方案和字母的拼写法。1930年4月，列宁格勒苏联科学院东方学研究所的苏联学者龙果夫也参加了这项工作，由他和瞿秋白、郭质生组成专门小组，负责修订瞿秋白的方案。不久瞿秋白回国，吴玉章、林伯渠移居海参崴，列宁格勒苏联科学院东方学研究所成立了"中文拉丁化委员会"继续工作。委员会参考了注音字母、国语罗马字、高本汉的拼音等，最后在瞿秋白方案的基础上，拟订了中国北方话拉丁化新文字方案。1931年5月，全苏新字母中央委员会批准了这个方案。同年9月26日，在海参崴召开了"第一次拉丁化中国字代表大会"，在会上通过了这个方案，并决定在1932年内用这个方案扫除苏联远东地区华工中的文盲。大会通过的拉丁化新文字方案叫作《中国汉字拉丁化的原则和规则》。会上还成立了"远东边区新字母委员会"作为执行机构。这次会后，拉丁化新文字运动就在海参崴、伯力等地蓬勃开展起来了。由于拉丁化新文字简单易学，推广工作比较顺利。从1931年到1934年，用新文字出版的各种读物达十万册，在苏联的华工做到人手一册。华工由学习这种新文字而脱盲的人数很多。

按照海参崴大会通过的原则，中国的拉丁化新文字除了拼写北方话以外，还可以拼写其他方言，不过当时拼写其他方言的方案还没有拟订出来。

2. 拉丁化新文字在国内的传播

拉丁化新文字最早是由世界语者介绍到中国来的。1932 年 6 月，天津《四海》杂志发表了《苏俄成功之中国语拉丁文》，透露了一点消息。1933 年 8 月 12 日，中国世界语者焦风（方善境）在上海中外出版公司出版的《国际每日文选》第十二号上发表了从世界语翻译过来的《中国语书法之拉丁化》，引起国内世界语者的注意。1934 年 7 月，《言语科学》第九、十号合刊发表了应人的《中国语书法拉丁化方案之介绍》，详细地介绍了拉丁化新文字的字母、拼法和写法。此后，国内的文化界对拉丁化新文字才有了比较具体的了解。

1934 年 5 月到 6 月，国民党的《中央日报》和《时代公论》发表了汪懋祖、许梦因的文章，鼓吹"文言复兴运动"，主张中小学恢复读文言文，教《四书》《五经》。他们诋毁白话文为"粗笨之工具"，"必不可为治学工具"，说用白话文写的文章是"外国假面具社会主义之宣传"。针对这股逆流，上海的进步文化界陈望道、胡愈之等发起了反击，这股文言复兴的逆流很快就销声匿迹。在反对"文言复兴运动"的同时，进步文化界对五四以来的白话文进行了检讨，开展了大众语问题的讨论。在讨论中，不少人认为"普通所谓白话文，在内容上、形式上都是和文言文相通的。白话文，是文言文最有力的友军或后备势力"，主张进一步改革文体，提倡写"大众说得出，听得懂，看得明白，写得顺手"的大众语。张庚在《大众语的记录问题》（1934 年 6 月 24 日《中华日报》）一文中最早提出了拉丁化新文字。他说，方块字

“实在记录不了大众语这丰富活跃的语言，否则必会把大众拖回僵死的路上去。……苏俄创行了一种中国话拉丁化，推行也很广，而且出版了很多书报，这我们可以拿来研究的”。叶籁士在《大众语·土语·拉丁化》(1934 年 7 月 10 日《中华日报》)一文中正式介绍了拉丁化新文字。他说：“要创造‘土话文字’和大众语，就应该坚决地打倒象形汉字，采用拼音文字。只有如此，才能做到‘大众听得懂，说得出，看得明白，写得来’的地步。”“‘拉丁化’是非常值得我们研究和参考的”。这样，大众语的讨论和拉丁化新文字运动就自然地合流了。以鲁迅为代表的左翼文化界，对拉丁化新文字给予热烈的支持。鲁迅说：“汉字和大众，是势不两立的。”“要推行大众语文，必须用罗马字拼音”(《答曹聚仁先生信》)。

1934 年 8 月，中文拉丁化研究会在上海成立，这是国内第一个拉丁化新文字的团体。以此为标志，拉丁化新文字进入了推广时期。自 1934 年到 1937 年 8 月上海淞沪抗战的前夜，推行的中心是上海、北平、广州、闽南。1935 年 4 月，中文拉丁化研究会编辑出版了《中国话写法拉丁化——理论·原则·方案》，初版一千册，在上海再版六次，北平翻印几千册，广西翻印上万册，是拉丁化新文字运动初期影响最大的一本书。随后还出版了叶籁士的《拉丁化概论》《拉丁化课本》《文盲用拉丁化课本》(后改名为《工人用拉丁化课本》)。许多地方相继成立了新文字团体，出版书刊。有的方言地区的团体还拟订了方言拉丁化新文字方案。

1935 年 12 月，中文拉丁化研究会起草了《我们对于推行新文字的意见》，广泛征求签名。在信上签名的有蔡元培、鲁迅、郭沫若等 688 位文化界知名人士。意见书中说：“中国已经到了生死关头，我们必须教育大众组织起来解决困难。但是这教育大众的工作，开始就遇着一个绝大难关。这个难关就是方块汉字。方块汉字难认难写难学。”“中国大众所需要的新文字，是拼音的新文字，是没有四声符号麻烦的新文字，是解脱一地方言独裁的新文字。这种新文字，现在是已经出现了。当初是在海参崴的华侨制造了拉丁化新文字，实验结果很好。他们的经验学理的结晶便是北方话新文字方案。……我们深望大家一齐来研究它，推行它，使它成为推进大众文化和民族解放运动的重要工具。”1935 年 12 月成立了全国性的中国新文字研究会。据统计，从 1934 年 4 月到 1937 年 5 月，出版了新文字书籍 61 种，新文字刊物 36 种。1936 年 1 月，国民党政府开始查禁拉丁化新文字。首先在河南开封，接着在上海、北平。他们逮捕宣传拉丁化新文字的人，抓到后都作为共产党查办。在严重的白色恐怖下，拉丁化新文字运动仍旧不公开或半公开地进行着。

抗战初期，上海是新文字推行和研究的中心。上海新文字研究会也恢复了工作，在社会上举办新文字师资训练班、讲习班、函授班等。1937 年到 1938 年，在难民收容所举办识字班，试验用拉丁化新文字扫盲，取得很好的成绩。著名教育家陈鹤琴亲自编写难民用的新文字课本，到处宣传。在语言学家陈望道指导下，上海拉丁化新文字研究会完善了北方话和江南话两个拉丁化新文字方案。这一时期，拉丁化新文字运动也在汉口、广州、汕头、重庆、西安、长沙，以及马来西亚、新加坡、曼谷、旧金山等地展开。

1940 年以后，推行的中心转移到香港和共产党领导的边区及敌后抗日根据地。1939 年香港成立新文字学会，蔡元培为名誉理事长，举办语文讲座和新文字讲习班，出版课本和读物。有的学校还把拉丁化新文字列为正式课程。1941 年 12 月太平洋战争爆发后，学会的活动被迫停止。抗战时期，以延安为中心的陕甘宁边区是革命的中心。新文字得到了边区民主政府的重视和广大人民群众的拥护。1938 年 1 月，成立延安边区新文字促进会，出版新文字刊物《抗战到底》，举办讲习班。1940 年 3 月，陕甘宁边区成立“新文字运动委员会”，决定用新文字扫盲。11 月 7 日，在延安成立陕甘宁边区新文字协会，推举毛泽东、朱德、孙科等为名誉理事，林伯渠、吴玉章、董必武等为理事。12 月 25 日，边区政府颁布了《关于推行新文字的决定》，规定从 1941 年 1 月 1 日起，新文字与汉字有同等法律地位。1940 年在延安市和延安县的农村举办新文字冬学，1941 年扩大到全边区，学员有 5000 多人。

抗战胜利后，推行的中心是上海。由于上海是国民党统治区，推行工作只能是半公开的进行，不能直接提出新文字，而是结合扫盲，提出语文改革和文字拼音化。1945 年 9 月，上海地下党在用苏商名义出版的《时代日报》上创办《语文》副刊。1947 年 4 月后改名为《新语文》，发表社会知名人士对于文字拼音化的意见，登载新文字读物，指导读者学习。1948 年 6 月，《时代日报》被国民党查封，报社改组为时代出版社。在新文字方面出版了倪海曙编著的《中国拼音文字运动史简编》《中国拼音文字概论》（新中国成立后改名《拉丁化新文字概论》）和倪海曙编的《中国语文的新生——拉丁化中国字运动二十年论文集》《鲁迅论语文改革》等。

随着解放战争的胜利，拉丁化新文字在解放区又开始推行。从 1949 年 5 月到 1950 年 8 月，全国有 60 多个县市开展了新文字活动，成立了 20 多个新文字团体。有 6 个大学开设了新文字课程，有好几个电台举办新文字讲座。推行的主要地区是上海、大连、广州、武汉、杭州、厦门。1949 年 9 月，上海成立了上海新文字工作者协会，主席陈望道，副主席倪海曙。从成立到 1950 年 12 月，办了 47 期新文字讲习班，9期广播讲座。先后出版了《新文字周刊》《新文字半月刊》《语文知识》月刊等。当时上海出版的字典、词典，大都用拉丁化新文字注音。一些大出版社，如商务、中华、开明等也出版新文字书籍。

1955年10月，全国文字改革会议以后，拟订汉语拼音方案工作进入了重要阶段。拉丁化新文字的使命宣告完成。这一年的11月，全国最后一个新文字团体上海新文字工作者协会宣告解散，国内推行结束。从中文拉丁化研究会成立起到新文字工作者协会解散，共21年。在这段时间内，成立的新文字团体300多个，出版图书170多种，创办刊物80多种，全国有20多万人学习了拉丁化新文字。为推行新文字，许多语文工作者克服种种困难，尽心尽力，无私奉献。在国民党白色恐怖下，有的甚至献出了宝贵的生命。

3. 拉丁化新文字的分析

1931年9月在苏联海参崴举行的第一次拉丁化中国文字代表会议，通过了“中国文字拉丁化的原则和规则”。这个文件分两部分：(1)中国文字拉丁化的原则，共十三条。(2)中国拉丁化的字母及用拉丁字母的写字法。这一部分又包括三项内容：中国拉丁化字母、字的写法、整个字的写法。字的写法就是音节的拼写法，整个字的写法就是词语的拼写法，相当于现在我们说的正词法。下面是中国拉丁化字母、字的写法部分：

中国拉丁化字母

代表大会全体一致地通过以下由共产主义学院中国问题研究院及苏联科学学院东方研究院根据瞿秋白同志的草案所修订的，经全苏联新字母中央委员会批准的中国拉丁化字母:a、b、c、ch、d、e、f、g、i、j、k、l、m、n、ng、o、p、r、rh、s、sh、t、u、w、x、y、z、zh。完全不加更改和补充。

上面所通过的字母,是有科学的根据的,可以使中国的劳动者易于学习,且适合中国的语言特点,大多数的中国方言,都可适用这些字母。

从进行中国文字拉丁化的具体的历史的条件来看,代表大会认为以拉丁的字母作根据,不加补充的记号及字母而构成字母系,是完全正确而适当的,而且有与全苏联新字母一致的可能。中国新字母都能适合于这些条件。

因为中国言语中的主要声音,与拉丁字母的数量,多寡不同,所以代表大会认为必须要采用双形字母,作为拉丁字母以外之字母,即zh、ch、sh、rh、ng等是。

[h]一字母,只起符号字母的作用,即是为着代替苏联新字母中所采用那几个符号字母(例如çş……)而定的。

至于说到那些母音字母a、o、e、i、u、y等,这都是拉丁字母中及苏联各民族的新字母所有的。

中国语言中的几个复杂母音,如ai、ei、ao等,以及鼻音母音的an、ng、en等都可由拉丁字母编成。

z、c、s、zh、ch、sh以及r、rh(ж)等字,其本身仍是中国的特别音,俄文一般的是用Ы来表现,可是,因为这些子音与Ы是整个的,不可分离的组合,所以当这些子音的本身是单个成为一字段时,用不着对于上述各子音字母,再加上母音字母。

例如:z(字)、c(次)、s(四)、zh(纸)、ch(吃)、sh(是)、r(二)、rh(日)等是。

四声或五声(平上去入等)没有必要在文字上作为一条规则,只概以活泼的言语为主,但有几个极罕见的情形,不在此例,如 mai(卖)、maai(买)、nar(那儿)、naar(那儿?)、gigo(几个)、giigo(几个?)等是。

字的写法(北方的中国话适用)

(1)g、k、x 在 a、o、e、u 之前读硬音,在 i、y 之前读软音。

例如:gi(gigo 几个)、xi(xixuan 喜欢)、ki(kilai 起来)、ky(去)等是。

(2)字母里的半母音 j、w 用以正确的分出音段的界限来非常重要。它们仅只用于音段的开始,而且只在下列几种情形的时候:

一、当这些字的后面是母音的时候。如 ja、jan、wa、wan 等等。

二、j 在 i、in、ing、y、yan、ye、yn 各音段里写在 i、y 之前,如果这些音段不在某字的开始,而在字的中间或末尾。

例如:yanjin(原因)而不是 yanin;guanjy(关于)而不是 guany。

三、w 在 u 这个音段中写在 u 的前面,假如这个音段不在字的开始,而在其中间或末尾。

例如:duiwu(队伍)而不是 duiu;iwu(义务)而不是 iu。

四、假如中间或末尾的音段是用 a、o、e 等字开始的,则该音段与前音段用一撇分开之。

例如:ping’an(平安);pi’ao(皮袄)。

五、字尾的 z 这个音段有两种用途:

甲、做名词的“字尾”(Суффикс)用如:zhoz(桌子)、daoz(刀子)、wenz(蚊子)。

乙、做名词的一个有独立意义的,如 wenz’(文字)在这种情形之下，在z之后应加上一撇。

六、兹列举从母音开始的字段的结尾如下表：

甲、单纯的母音，做音段的结尾：a、e、i、o、u、y。例如：baba（爸爸）、shumu（树木）。

乙、复杂母音做音段的结尾：ai、ao、ei、ia、iai、iao、ie、io、iou、iu、ou、ua、uai、ui、uo、ye。例如：gougia（国家）；shuoxua（说话）、kaishui（开水）、niunai（牛奶）。

丙、鼻音的母音做音段的结尾：an、ang、en、eng、in、ing、un、ung、ian、iang、uan、uang、yn、iung、yan。例如：shan（山）、gungchang（工厂）、rhen（人）。

（注）应该注意鼻音的母音有两种：即（1）结尾为n；（2）结尾为ng。它们与其他母音的分别，在an-ang、ian-iang、uan-uang这些字里面是完全清清楚楚的。例如：dansh（但是）、dangsh（当时）。这种分别在书法中是应该严格的遵守。但在（en-eng、in-ing）的情形中，这种分别并不都是清楚的，所以在书法上，也是不必遵守一定的写法。

七、兹将纯粹的、复杂的以及鼻音的母音的字，都是独立的母段的，列为下表：

a、ai、an、ang、ao、e、ei、en、eng、i、in、ing、ja、jai、jan、jang、jao、je、o、jou、ju、jung、o、ou、u、wa、wai、wan、wang、wei、wen、weng、wo、y、yan、ye、yn。

当时通过的中国文字拉丁化的十三条原则有一些观点今天看起来仍是很正确、很有意义：（1）提出要创造一种通俗而接近群众的文字，一种适应于现代科学要求的文字。（2）强调拉丁化中国文字的重要意义，批评了认为拉丁化只是初级教育工具的观点。（3）指出“文言”是和劳动群众的活泼言语是隔离的，学习文言的困难并不少于学习汉字的本身。(4)提出要保持语言的纯洁和健康，清洗言语中的有害的东西。在设计的技术方面，也有许多积极的东西：(1)采用拉丁字母，不增加新字母、变形字母、不用附加符号，采用双字母来解决字母数量的不足。用g、k、x变读来表示ㄐ、ㄑ、ㄒ。(2)注意音节界限的清楚，使用j、w和高撇号来分隔音节的界限。(3)z、c、s和zh、ch、sh相配，表示舌尖前音和卷舌音。(4)注意分词连写。

同时我们也应看到，这些原则受到当时苏联理论的影响很深，带有浓厚的苏联色彩。

(1)苏联在20世纪二三十年代的拉丁化运动中，宣称阿拉伯字母是中世纪贵族资产阶级字母，而拉丁字母是近代的社会主义的大众的字母。正是根据这种理论，当时拟定的原则认为中国汉字是中国统治阶级压迫劳苦群众工具之一。其实，文字是记录语言的工具，本身不带有阶级性。一种语言采用哪种文字体系，是由多种因素决定的，情况非常复杂，不能简单地都归于政治。

(2)从文字有阶级性的观点出发，主张废除汉字。“要根本废除象形文字，以纯粹的拼音文字来代替它”。这样就把复杂的汉字问题简单化了。在海参崴的大会上，苏联科学院东方研究所的报告中，就提出用拼音文字完全代替汉字，但在会上并没有得到支持。

(3)在沙皇统治时代，强迫非俄罗斯民族说“国语”。苏联时代，对“国语统一”采取否定的态度。“原则”从这种观点出发，把中国“五四”以后开展的国语运动说成是属于中国资产阶级的、反动的，是为民族压迫而利用的鞭子，反对“采用中国的一种方言，作为全国的标准语”。受了这种观点的影响，中国的拉丁化运动反对国语运动，反对国语罗马字拼写标准语，产生了消极作用。

4. 拉丁化新文字和国语罗马字的论争

拉丁化新文字和国语罗马字，拼写的都是汉语的语音，但是两者又有许多不同。拉丁化新文字的作者是革命家、中共党员，国语罗马字的作者是语言学家，背景不同，遵循的学术思想不同，对许多问题的处理自然也就不同。在 20 世纪 30 年代，在特定的社会环境下，两者展开了激烈的争论。争论涉及学术的方面和非学术的方面，而且这两个方面又常常纠缠在一起。

拉丁化新文字者从一开始就对国语罗马字采取批判的态度，认为国语罗马字"仍旧不敢脱离汉字'语调'(四声)的束缚"，"仍旧创造不出真正适合现代普通话的文字"，是"'古今合璧'的北京官话的拼音方法"。[①] 他们认为："国语罗马字在创制当时就并未为文盲大众着想过。""所以，结果恐怕不过是有教养的文人学者案头的摆设而已。在田野劳动的农妇，是不配，而且无法穿一双高跟皮鞋的。"[②]还说："国语罗马字崇奉北平话为国语，名为提倡国语统一，实际上是来它一个北平话独裁。在有闲有钱的人看来，学了一口北平话再用罗马字母读读写写，是不费什么事。但是叫一个上海的、福州的或广州的苦人同时学北平话又学罗马字，那几乎是和学外国话一样的难。"[③]

这自然引起国语罗马字者的强烈反对。国语罗马字者批评拉丁

---

① 瞿秋白《学阀万岁！》，《瞿秋白文集》文学编 3 卷第 178 页，人民文学出版社，1985 年。

② 应人《读了〈我对于拉丁化的意见〉之后》，倪海曙编《中国语文的新生》第 76 页，时代出版社，1949 年。

③ 《我们对于推行新文字的意见》，同上，第 120 页。

化新文字是“苏联代我们造的拉丁化”,“舶来的拉丁化汉字”,“是用卢布买来的”。[1] 黎锦熙在《国语运动史纲》第四卷第二章说:“谨站在民族的立场说句话:‘难道我们就伫立以待人家的“文字侵略”吗?’再站在历史的旧文化立场问句话:‘文字是传达文化的一种工具呢,还是它的本身就算文化呢?’又站在理想的新文化立场问句话:‘世界语是不是就可以代替我们的国语呢?’末了站在语文学专科的立场问句话:‘国语罗马字,应该是本国人自己作的好呢,还是外国人代我们作的好呢?’”

在学术上,争论的中心是声调问题和国语问题。瞿秋白在《罗马字的中国文还是肉麻字中国文?》中认为:“现在中国白话里的声调不过是一种‘特别的重音’——‘音节内部的声音’,用不着表示在拼音方面的,而且很难表示的。”他在《新中国的文字革命》中还说:“取消声调是一般的原则,即使要保留一部分声调上的分别,也只作为例外的特别拼法。”拉丁化新文字者认为:“四声都是‘出于汉字’的,绝对和方块字有关系的,是方块底附属物。我们既然要废除方块字,当然也要废除它的附属物——四声。”[2]国语罗马字者反驳说:“中国语言靠声调来分别字义,这一个事实,并不是国语罗马字者主张出来的。”“用声调来区别字义这方法是好是坏,国语罗马字者不负责任,自有中国语言负这个责任,等到中国语言不靠声调来区别字义的时候,也不用拉丁化者来劝,国语罗马字者自然也就不拼声调了。”[3]黎锦熙说:“批评的人有一个大误会,以为声调这种把戏完全是出于汉字,废

① 倪海曙编《拉丁化新文字运动的始末和编年纪事》第 91 页、第 95 页,知识出版社,1987 年。

② 绀弩《四声论》,《中国语文的新生》第 137 页,时代出版社,1949 年。

③ 王玉川《到携手之路》,同上,第 166 页。

除汉字就没有声调了。殊不知国语罗马字比拉丁化优越之点，就在国语罗马字因有调查民间方言的工作经验，已经实地了解劳苦大众语言的真实情形，他们是离开声调就不能说话听话的，不认识汉字的人们来读新文字，是离开声调就认不清楚，读不下去的。例如'李''黎'，两姓，全中国无论何处人，尽管眼睛里并不认得这两个汉字，但嘴里是都有分别的。"①

关于语音标准问题，国语罗马字拼写的是标准语，拉丁化新文字拼写的是方言。瞿秋白说："赵元任式的国语罗马字是根据注音字母用北京音做标准的，叫做什么'标准国音'。这种办法的理由，据说是各国都是采用一种方言来做国语，逐渐'打倒'其他的一切方言，而在中国，仿佛是北京话最有这种资格。这种'理论'实际上是不通的。各国的国语固然大抵有一种方言做基础，但是，事实上必定搀杂其他许多方言的影响，在读音上，甚至于文法部分的变化上，都有这些影响的痕迹的。在中国，这种情形更加厉害。一种方言要有做全国普通话的基础的资格，必须说这种方言的地方真正是经济的，文化的中心，同时又是政治的中心。中国恰好还没有这样的中心。"②拉丁化者认为国语罗马字想以北平话来统一全国，根本就是非大众的。瞿秋白说国语要逐渐打倒一切方言，显然是不妥的。对这个问题，其实早有讨论。《国语月刊》第2卷第1期(1924)发表的一篇文章说："'改造新文字是不是要统一国音?'如果声音不能统一，各省按照各地方音去造文字，你造你的字，我造我的字，结果必定弄得乱七八糟。

① 黎锦熙《苏俄的"中国字拉丁化"与国定的"国语罗马字"之比较》，倪海曙编《中国语文的新生》第129页，时代出版社，1949年。

② 瞿秋白《罗马字的中国文还是肉麻字的中国文?》，《瞿秋白文集》文学编3卷第227页，人民文学出版社，1985年。

一个词因方音的不同，可以有无数的面孔，那么这种新文字还有什么用处呢？所以改造文字必须根据一种标准音——区域最广、用者最多的标准音，然后这种新文字才能渐渐普及全国。”“若不根据标准音以统一国语，新文字实在无从造起。”①

拉丁化新文字比国语罗马字容易。国语罗马字者认为“文字不能只图简单容易”，“拉丁化新文字照目前的样子，简单自然是很简单，容易自然也很容易。不过简单而粗陋，容易而不适用，也算不得好工具。”②

1936 年 8 月，《中国语言半月刊》第 4 期提出“建立语文联合战线”的主张，要求在抗日的旗帜下，实行反对日本帝国主义语文侵略的大联合，“立刻停止互相的排挤，互相的消耗力量，让大家火速的自由发展”。1937 年 3 月，周辨明在上海《语文月刊》第 3 期发表《携手一同走上拼音文字的大路》：“提出调解国语罗马字和拉丁化的办法。”“倘说两方面都不承认这调解的条件，这也不要紧。他们各自实行他们的制度，就得了。可是要实行，不要空谈，也不要互相攻击，好叫人家从他们实验的结果，彻底明了各制优良的所在。”1937 年 4 月，拉丁化者潘古干（叶籁士）在《关于〈新文字的缺点〉》一文中认为：“纵然国语罗马字和新文字在声调问题上有着绝然不同的态度，然而它们之间相同的地方太多了，即使在声调问题上得不到一致的解决，那个戊戌以来尚未完成的文字革命的伟大理想会使它们携手合作的。”“咱们的携手将把一些语文改造的力量汇合成一股无可抗拒的语文革命的洪流。”1937 年 7 月，《语文月刊》第 2 卷第 1 期发表高毓

① 卢自然《对于改用国语罗马字的讨论》，《国语月刊》2 卷 1 期。

② 王玉川《拉丁化新文字的缺点》，倪海曙编《中国语文的新生》第 129 页，时代出版社，1949 年。

溥的《国语罗马字和拉丁化之合流》:“国语罗马字和拉丁化这两种新文字,就其本身底价值来讲,是各有短长的:双方都有它的优点和缺点。”“就学理上看,国罗在占着绝对优势的。”但是它的“变化太繁难”。“拉丁化底特点是在拼法简单,不分声调,虽学习比较方便,但作为一种独立的文字,不无疑问。”“拉丁化底优点是比罗马字要多些。关于此,我们可以用数语包括之:即‘组织简明,字形短小,易学易记,应用便利’!比之罗马字底变化规律来,实是高明得多。”“我盼望关心新文字运动的同志们,大家握手,共同讨论。”

通过争论,两个方案的优点和缺点,都看得比较明白了;而且都认识到,应该团结合作,克服成见,共同促进文字改革事业的前进。这时,全民抗战已经开始,在中华民族面对生死危亡的危急关头,这两股力量都在竭尽自己的力量为拯救中华民族而奋斗。拉丁化新文字在抗战烽火中继续传播。1941 年 12 月,吴玉章在《新文字在切实推行中的经验和教训》中总结了推行中的经验教训,指出:“我们要打破以前的宗派主义,不仅要和国语罗马字根本改革中国文字的同志合作,就是一些改革汉字,如简体字各种改革文字运动的人,都应引为同志而共同努力于中国文字的改革,打破一切狭隘的观念。”

新中国成立后,在新的形势下,拉丁化新文字工作者和国语罗马字工作者捐弃前嫌,团结合作,为汉语拼音方案的制订做出了贡献。

（节选自林焘主编《中国语音学史》,语文出版社,2010 年）

《汉语大词典》修订建议

一、脚¹[jiǎo《广韵》居勺切，入药，见。]①人与动物腿的下端，接触地面、支持身体和行走的部分。《墨子·明鬼下》："羊起而触之，折其脚。"汉·邹阳《狱中上书自明》："昔司马喜膑脚于宋，卒相中山。"（《汉语大词典》第6卷第1271页）

按："脚"本指小腿。《说文》："脚，胫也。"《墨子·明鬼下》："羊起而触之，折其脚。"指折断小腿。"膑脚"指剔去膝盖骨的刑罚。词义缩小指足，即脚掌，踝以下的部分。《史记·封禅书》："自华以西，名山七，名川四。曰华山。"唐·张守节正义引《括地志》曰："华、岳本一山，当河水过而行，河神巨灵，手盪脚蹋，开而为两。今脚迹在东首阳下，手掌在华山。""手"和"脚"是对文。唐·杜甫《北征》诗："见耶（爷）背面啼，垢腻脚不袜。"

修改建议：把"脚"字条的义项①分为两条，先讲小腿，再讲脚掌。

二、眼¹[yǎn《广韵》五限切，上产，疑。]①视觉器官。通称眼睛。《易·说卦》："其于人也，为寡发，为广颡，为多白眼。"孔颖达疏："为多白眼：取躁人之眼，其色多白也。"《庄子·盗跖》："比干剖心，子胥抉眼，忠之祸也。"南朝宋·刘义庆《世说新语·容止》："面如凝脂，眼如点漆，此神仙中人。"（《汉语大词典》第7卷第1209页）

按："眼"字条上引三条书证，其中的"眼"指眼球，即眼珠，不同于"目"。《说文·目部》："眼，目也。"释义不确切。《释名》："眼，限也，瞳子限限而出也。”可见“眼”就是眼珠子。戴侗《六书故》：“眼，目中黑白也。”那才是正确的。大约在唐代“眼”才与“目”成为同义词。唐·韩愈《自袁州还京行次安陆先寄随州周员外》：“面犹含瘴色，眼已见华风。”唐·王维《观猎》：“草枯鹰眼疾，雪尽马蹄轻。”

修改建议：把“眼[1]”①分为两个义项：一个指眼球，另一个指“目”。

三、脸[liǎn《广韵》力减切，上豏，来。又七廉切，平盐，清。]①面颊，面部。南朝梁·简文帝《妾薄命》诗：“玉貌歇红脸，长嚬串翠眉。”宋·文天祥《珊瑚吟》：“毛羽黑如漆，两脸凝璚脂。”《水浒传》第六十二回：“仰着脸四下里看时，不见动静。”老舍《黑白李》：“其实他俩的脸都很白，而且长得极相似。”（《汉语大词典》第6卷第1385页）

按：《说文》无“脸”字。《集韵》：“脸，颊也。居奄切。”折合今音为jiǎn。“脸”字起于南北朝，本义是目下颊上，特指妇女搽胭脂的地方。所以一个人不是有一张脸（liǎn），而是有两脸（jiǎn）。晏殊《破阵子》：“疑怪昨宵春梦好，元是今朝斗草赢。笑从双脸生。”晏几道《生查子》：“轻匀两脸花，淡扫双眉柳。”头的前部文言用“面”。大约到了元代，脸（jiǎn）的词义扩大代替了“面”，改读为脸（liǎn）。元·杜仁杰《耍孩儿》曲：“满脸石灰更着些黑道儿抹。”《古今小说·宋四公大闹禁魂张》：“那妇女被宋四公把两只衫袖掩了脸，走将上来。妇女道：‘三哥，做甚么遮了脸子来唬我？’”

修改建议：把“脸”字条分解为两条：“脸[1]”指面颊，七廉切，平盐，清。读jiǎn；“脸[2]”指面，力减切，上豏，来。读liǎn。

四、笼[1][lóng《广韵》卢红切，平东，来。]下有5个义项。（《汉语大词典》第8卷第1277页）

笼[2][lǒng《广韵》卢红切，平东，来。]①笼罩，遮掩。北魏·贾思勰《齐民要术》:“脯成,置虚静库中,着烟气则味苦。纸袋笼而悬之。”宋·秦观《沁园春·春思》词:“宿霭迷空,腻云笼日,昼景渐长。”《水浒传》第十三回:“[索超]……上笼着一领绯红团花袍。”(《汉语大词典》第8卷第1278页)

按:在中古,“笼”有笼罩义,读 lóng。唐·杜牧《泊秦淮》:“烟笼寒水月笼沙,夜泊秦淮近酒家。”第一句里的两个“笼”意思是笼罩,要读 lóng。证据是唐七绝头两句的平仄格式是:㊥平㊈仄仄平平,㊈仄平平㊈仄平。加圆圈的字可平可仄。“笼”如果读为 lǒng 就成了:平仄平仄仄仄平,仄仄平平仄仄平。唐人写诗绝不会如此。宋·秦观《沁园春·春思》词:“宿霭迷空,腻云笼日,昼景渐长。”《沁园春》的平仄格式是:㊈仄平平。㊈仄平平,仄仄仄平。其中第七个字的“笼”一定是平声。1324年周德清著《中原音韵》“笼”在东钟韵阳平,可见那时仍读阳平,不读上声。1947年出版的《国语辞典》的“笼”有 lóng 和 lǒng 两个读音,在 lóng 字下有“笼罩”这个词目,释义是“覆盖之义”,可见笼罩的“笼”要读 lóng。这是《国语辞典》根据语言事实做出的科学判断。1953年出版的第一版《新华字典》“笼(lóng)”下义项③是“遮盖,罩住:笼头(带在牲口头上的套子)|黑云笼罩着天空”。可见笼罩义的“笼”按照传统应该读 lóng。lóng 什么时候变为 lǒng 呢?根据上述资料,初步估计可能在20世纪50年代。1960年出版的《现代汉语词典(试用本)》“笼(lǒng)”下的释义是“笼罩:暮色笼住了大地|烟笼雾罩”。这是语文辞书把“笼”改读为 lǒng 的较早文献。这反映了笼罩的“笼”读音的变化。《现代汉语词典》是采用普通话规范读音的工具书,它能摆脱传统,直接反映读音的变化,是难能可贵的。1985年12月修订发布的《普通话异读词审音表》审定了

“笼”的读音，规定：名物义读 lóng，如笼子|牢笼。动作义读 lǒng，如笼络|笼括|笼统|笼罩。肯定了笼罩的“笼”读 lǒng。这说明笼罩的“笼”在古代本读 lóng，到了近代才改读为 lǒng。

修改建议：将“笼²”中的笼罩、遮掩义项移入“笼¹”，并且括注“今读”。书证可以用杜牧的《泊秦淮》和秦观的《沁园春·春思》。

（《〈汉语大词典〉（第二版）工作简报》，2017 年第 1 期）

规范·实用·简明

——评《汉字规范字典》

供中等文化程度的读者使用的规范型汉字字典要具备三个条件，就是规范、实用、简明。语言文字作为交际工具必须规范。新中国建立以来，在汉字规范方面做了大量工作，先后发布了多个规范字表。汉字规范的标准可以指字的形、音、义等三个方面，也可以指“四定”，就是定量、定形、定音、定序。二者并不矛盾，可以互相结合。一本字典只有规范还不够，还必须讲求实用。把规范变为实用还有大量工作要做。字典要简明，不用过多的专业术语，用简洁的语言抓住重点，还要便于检索，让读者花费最少的时间和精力获得最切合实际的知识。最近，我读到商务印书馆 2016 年 9 月出版的魏励主编的《汉字规范字典》(下文简称《规范》)，这部字典在同类出版物中略胜一筹，值得肯定和鼓励。

一、规范

2013 年国务院批准发布的《通用规范汉字表》(以下称《字表》)是较新的有关汉字的规范文件，有很多优点。编写规范型字典自然要加以贯彻，可是《字表》也存在若干不足。《规范》不是不论对错死抄《字表》，而是对《字表》存在的不足之处设法予以弥补。这体现了辞书工作者对读者的高度负责精神，也为今后修订《字表》提供了参考。某些同类字典机械地照搬《字表》，这种做法并不合适。例如：

1. 字量方面，《规范》在《通用规范汉字表》的 8105 个汉字基础上增加了 7 个字，那就是“〇、兒、鈘、馀、穀、濛、嚮”，并且注明了增加的理由。例如，“鈘”是 2014 年发布的化学元素名，应该补充。《规范》“余”字下注：“当‘餘’简作‘余’可能意义混淆时，简作‘馀’。如‘馀（餘）年无多’与‘余（我）年无多’不同。姓、人名、书名中的‘餘’，应简作‘馀’。”《规范》“穀”字下注：“‘不穀、穀梁、《穀梁传》’的‘穀’不简化。《通用规范汉字表》仅作繁体字，今补。”

2. 改正误收的异体字。《通用规范汉字表》附件 1《规范字与繁体字、异体字对照表》里有误。例如：1230 号券[券]、4677 号谄[謟]，这两组字里的异体字与规范字音义不同，《字表》误收。“券”读 quàn，指凭证，“劵”读 juàn，是“倦”的异体字。“谄”读 chǎn，指谄媚，“謟”读 tāo，指可疑。《规范》都做了改正。5557 号“粳[秔粇稉]”里的“粇”又读 kāng，是“糠”的异体字，《字表》没有交代，《规范》做了补充。

3. 汉字里有的异体字只在某一个或某几个义项上与规范字相同，这可以叫非全同异体字。对这样的异体字，字典里标明成为异体的义项。例如《新华字典》的“烟[⑤菸]”，表明异体字“菸”只用于“烟”的第五个义项“烟草”。《规范》写为“烟[④菸]”，表明异体字“菸”只用于“烟”的第四个义项“烟草”。

二、实用

《规范》增加了七种类型的“提示”，要点是：

1.补充指出一些繁体字、异体字的用法。例如“穀”字的提示是：“①‘不穀、穀梁、《穀梁传》’的‘穀’不简化。②穀/谷：‘穀’与‘谷’是不同的两个姓。”

2.对汉字的简化方式予以说明。例如“马”字的提示是：“马(馬)：‘馬’简作‘马’，据草书楷化。”

3.对可做类推简化偏旁使用的简化字和简化偏旁予以说明。如“马”字的提示是：“‘马(馬)’可做类推简化偏旁：吗(嗎)、驶(駛)、驾(駕)。”

4.对某些异读词审音情况予以说明。例如“帧”字的提示是：“帧：旧读 zhèng，现读 zhēn。”

5.对异形词整理情况予以说明。例如“分”字的提示是：“‘辈分、本分、成分、过分、分量、分内、分外、分子’也作‘辈份、本份、成份、过份、份量、份内、份外、份子’，现推荐用前者。”

6.对古今词义演变、同义词的差别、词语使用习惯等需要说明的情况予以说明。例如“走”字的提示是：“走　古汉语中的‘走’略相当于‘跑’，跟今天所说的‘走’不同。”

7.对形体相近易错的一组字进行比较。例如“冠”字的提示是：“冠　区分形近字：冠——寇。”

以上这七种类型的提示并不是《规范》最早提出来的，难在落实。《规范》应该说基本落实，这对读者正确用字有很大的帮助。某些同类字典对这些问题基本没有提示。

《规范》对“唯/惟/维”的辨析非常实用，而有的同类字典对此类内容却付诸阙如。

《规范》还增加了个别新的义项，突出时代色彩。例如“网”字下补充义项："⑤互联网，若干计算机相互连接的网络：网站｜网页｜上网。""酷"字下补充义项："③人潇洒英俊或表情冷峻：他的样子很酷。"而有的字典不重视新义项的增补。

《规范》标注〈文〉〈方〉〈口〉等语体，增加了字典的实用性，而有的字典在义项上出现了不少〈文〉〈方〉〈口〉等语体，但只标注少量的〈文〉，不表〈方〉〈口〉，实用性很差。例如"坂、俟、悚"等应标〈文〉，"柈、扨、浜"等应标〈方〉，"血（xiě）、馊（馊主意）"等应标〈口〉。

三、简明

百科性或专业性辞书对"简明"有自己的要求，而语文辞书对于百科条目一般用简注就够了。如果注释较详，不但多占用了篇幅，而且过多的名词术语增加了阅读的困难，对一般读者并没有好处。在这方面，《规范》比有的字典处理得要好。

烷　烷烃，有机化合物的一类：甲烷｜乙烷。（《规范》）

烷　［烷烃］有机化合物的一类。是分子中的碳原子间都以单键相连成链状，碳原子剩余价键全部跟氢原子结合而成的化合物。是构成石油和天然气的主要成分，如甲烷、乙烷等。（其他字典）

蛙　两栖动物，种类多，青蛙较常见：蛙泳。（《规范》）

蛙　两栖动物。前肢短，后肢长，趾有蹼，没有尾巴，善于跳跃和游水。捕食昆虫，对农业有益。种类很多，常见的有青蛙。（其他字典）

总之，辞书工作者应该不忘初心，脑子里装着学术，心眼里想着读者，可以无大过了。毋庸讳言，作为一本新书初版时难免存在疏漏，如第 346 页“亲”字条第❼义项号误为❷，第 436 页“葳”字条释义“草名茂盛”中的“名”为“木”之误。这些问题并不难改正，改正后质量还会有所提升。

（《辞书研究》，2017 年第 3 期）

《新华大字典》前言

学习汉字和使用汉字都离不开汉字字典。字典从收字量(即字头的数量)说,有大、中、小不同的类型。小型的如《新华字典》,它的社会影响很大。包括繁体字、异体字在内,共收13000多字。中型的如《新华多功能字典》(商务印书馆2005年出版),不包括繁体字和异体字,它收字头14245字。在通用字之外它还收了一些常用的文言字和生僻的专业用字。大型的如《康熙字典》,收字47035字;《汉语大字典》(第二版)收字60370字。中小型字典是面向中小学生和社会一般公众的,有些用字量大的读者遇到一些生僻字在中小型字典里查不到,就要去求教大型字典。我有位朋友看报时,看到明末清初著名的书画家叫朱耷,别号八大山人,谱名统𨨗。这个"𨨗"怎么读?《新华字典》《新华多功能字典》查不到,连《康熙字典》都未收录,最后在《汉语大字典》里才查到:"𨨗,juàn,人名用字。"看来收字多的大型字典,除了文史哲等专业工作者需要外,一般民众有时也要用到。

《汉语大字典》这样的大型字典虽然很有用,不过它是多卷本,存放要占用较多的空间,而且定价高,一般民众难于购置。《康熙字典》目前市场通行的是洋装一卷本,可是它注音用反切,释义用文言,并不适合目前读者使用。例如:

劸　[集韵]居伪切[韵会]基位切[正韵]居位切并音媿[集韵]疲极也[正韵]弊也　力乏也[魏志蒋济传]彫劸之民

> 疚　[唐韵][集韵][类篇]并居又切音救[说文]贫病也　引　诗茕茕在疚　诗本作疚 疚疚通[玉篇]疾疚也　正字通一曰疚　久居也　又[广韵]与久切 [集韵][类篇]以九切并音羑义同

以上例子说明现在需要一部收字量大的、适合现代读者使用的新型字典。现在我们奉献给读者的这部《新华大字典》就是这样一部字典。

《新华大字典》有几个特点：

一、收字量大，它收字多达3万余字（含繁体字和异体字）。读者从它里面不但可以查到常用字、通用字，而且还可以查到大量的文言生僻字，满足用字量大的读者阅读和书写的需要。

二、用汉语拼音注音。古代字书韵书的注音用直音和反切。在古代，直音和反切是一项重大发明，可是不适合现代人的使用。我们按照古今语音演变规律，把古代典籍里的直音和反切折合为今音，用汉语拼音注在字头的后面。释义和举例中遇到生僻字，我们也用汉语拼音注出读音，以方便读者。一个字在字书韵书里有异读的，我们一般只取通用的读音，不罗列各种异读。

三、释义用现代白话。古代字书韵书的释义用文言，现代读者多数不能准确阅读。我们把文言改为现代白话，使读者便于阅读便于理解。我们的释义注重实用，不去做烦琐考证。

四、举例注意通俗易懂。古代字书韵书里举的例都举古籍，有的生僻难懂，读者看了例证仍旧不能理解这个字的意义和用法。我们努力纠正这种做法，尽量给读者以方便。

五、正文用汉语拼音音序编排，便于检索。现代读者查阅古代字书韵书时时常感到检索不便，费时费力。像《广韵》《集韵》自不必说，就是《康熙字典》的 214 部与现代人习惯的 201 部也有很多的不同。我们字典的正文采用汉语拼音音序编排。只要知道要查字的读音，查字非常方便。遇到不知道读音的字，可以查阅字典所附的部首检字表或笔画检字表，就能够很快地查到要查的字。

六、一卷本，300 多万字，便于翻检和存放。定价适中，便于购置。

有了上述六个特点，《新华大字典》就成为与《康熙字典》面貌不同的新型字典。请看上面我们举出的两个字在我们字典里的处理情况，不但简明易懂，而且增加了信息量：

尯[𡯞] guì〈文〉极度疲弱：劳～|弊～之民。

宄 jiù ❶〈文〉同"疚"。病。❷〈文〉同"疚"。贫穷。

《新华大字典》编写组的成员都是专业语文工作者，热爱语文工作，热爱辞书事业。我们愿意尽心尽力，恪尽职守，努力编好这部大字典，希望它能在文化教育事业中发挥积极的作用。

关于类推简化字的类推范围，学界有不同的认识。本字典的出版方商务印书馆根据 2013 年 10 月 9 日教育部等十二部门《关于贯彻实施〈通用规范汉字表〉的通知》里指出的"收入《通用规范汉字表》以外的字一般应采用历史通行的字形，不应自造未曾使用过的新的简化字"，决定本字典《通用规范汉字表》以外的字不再类推简化。本字典两主编之一的苏培成和有的编写人员对此持保留意见，认为应该贯彻《简化字总表》规定的"未收入第三表的字，凡用第二表的简化字或简化偏旁作为偏旁的，一般应该同样简化"。

我们在编写过程中参考古今多部典籍，有时还要检索语料库搜索语料，《汉语大词典》和《汉语大字典》更是放在手边经常请教的好老师。最后定稿时又根据国务院 2013 年 6 月正式颁布的《通用规范汉字表》做了调整。对于给过我们各种帮助的朋友表示感谢。限于能力和时间，书中定有欠妥之处，敬希指正。

（《新华大字典》，商务印书馆，2017 年 5 月）

40年来我的学术研究概述

1974 年，北京人民出版社出版了我的第一本小书《怎样使用标点符号》，开始了我的学术生涯。40 年来，我出版的著作（含主编的著作）有 20 种，由我主要负责编辑的著作有 13 种，涉及的研究领域有五个方面，下面对这五个方面做简要的介绍。

一、标点符号研究

发表的著作有《怎样使用标点符号》《标点符号的应用》《标点符号实用手册》等。研究的问题主要有：第一，除了《标点符号用法》所收的 16 种标点以外，补充了 7 种非常用的标点，就是：隐讳号、虚缺号、分隔号、象声号、示亡号、标示号和缩写号。第二，说明四种句式和三种句末点号的对应关系。第三，说明问号和叹号叠用的形式和用法。第四，指明并列词语间用逗号或顿号来区分并列词语的层次。第五，分号主要用在复句内部表示并列分句间的停顿。针对有人提出修改分号的定义，指明分号的定义用不着修改。第六，说明破折号和连接号的区别。袁晖主编的《汉语标点符号流变史》（湖北教育出版社，2002 年 9 月）对《标点符号实用手册》的评价是："这本书的特点在于实用，它在讲解标点符号的用法时，分清主次，标明主要用法和其他用法，对每一种标点符号的用法阐述得相当细致和全面。另外，这本书每一种标点符号都列有误用一节，与正面的阐述相对照，十分有用。”

二、现代汉字研究

周有光先生1980年发表《现代汉字学发凡》，提出创建现代汉字学。我根据周先生的论述略作发挥。在这方面发表的著作有《现代汉字学纲要》（第一、二、三版）、《一门新学科：现代汉字学》、《二十世纪的现代汉字研究》等。《现代汉字学纲要》（第二版）于2007年2月由韩国学古房出版韩文本，译者是韩国李圭甲教授。

研究的问题主要有十个方面：第一是汉字的性质。文字是记录语言的符号系统，研究一种文字的性质就是要看这种文字的基本单位记录的是什么样的语言单位。世界上的文字有三大类：英文的字母记录的是英语的音素（音位），所以英文是音素（音位）文字；日文的假名记录的是日语的音节，所以日文是音节文字；汉字记录的是汉语的语素，所以汉字是语素文字。汉字的各种特点都是由汉字的基本性质产生出来的。第二是现代汉字的含义。对此，学者间有不同的看法。我认为现代汉字就是现代白话文用字，包括古今通用的字和现代白话文专用的字。研究的对象很明确。第三是构形法。这指的是单纯字形的拆分，不考虑字音和字义，主要用于汉字编码等方面。把汉字分为三个层次，就是笔画、部件和整字。第四是构字法。汉字的基本构字单位是字符，字符分为三类，就是意符、音符和记号。由三类字符构成了汉字的六种类型，称作“新六书”。那就是：独体表意字、会意字、形声字、半意符半记号字、半音符半记号字、记号字。第五是简化字。汉字演变的总趋势是由繁到简。我发表了《汉字进入了简化字时代》,肯定了简化字的重要意义。第六是部首检字法。为了评价部首法的优劣,我提出“一步到位率”。“一步到位率”高的方案是比较好的方案。第七是识字教学。主要介绍注音识字、提前读写。第八是汉字规范化。汉字的发展目标是规范、丰富和发展。作为交际工具的汉字要讲求规范,但同时也要讲求丰富和发展。只有这样的文字,才是我们需要的文字。第九是汉字的评价。“五四”时期有些学者只看到汉字的缺点,看不到汉字的优点,带有片面性。“文革”结束后,有些人走向另一个极端,只看到汉字的优点,看不到汉字的缺点。我提出要实事求是地评价汉字。第十是汉字的前途。汉字要不要改为拼音文字,这是人们十分关切的问题。就目前情况看,汉字与汉语基本适应,这是汉字具有生命力的根源。在汉字不便使用或不能使用的领域,就要发挥汉语拼音的辅助作用。至于未来,断言汉字一定要实现拼音化或一定不能实现拼音化,都没有充分的根据,都为时过早。

三、中国语文现代化研究

我对中国语文现代化的研究主要是根据周有光先生的论述,略作发挥。发表的著作有《中国语文现代化的回顾与展望》《当代中国的语文改革和语文规范》,论文有《信息化全球化时代的中国语文现代化》等。研究的问题主要有:第一,语文现代化指的是现代化时期的语文改革,是语文应用的现代化,不是语文本体的现代化。第二,语文改革和语文规范是语文工作的两个主要部门,如同车之两轮、鸟之两翼,缺一不可。既不能用语文规范代替语文改革,也不能用语文改革代替语文规范。第三,一百多年来的中国语文现代化取得的成就，可以归纳为四个方面，就是：语言的共同化、文体的口语化、文字的简易化、表音的字母化。一百多年来的语文改革，改变了清末时的落后语文生活，为改革开放和小康社会的建设提供了比较合适的语文条件。第四，面向信息化全球化的21世纪，中国语文现代化任重而道远，要深化已经取得的成就，研究新问题，开拓新局面。要大力推行国家通用语言文字，就是普通话和规范汉字，要发展现代白话文，推行汉语拼音，推行国际共同语——英语等。

四、汉语文辞书的编写

出版的著作有《错别字辨析字典》《繁简字对照字典》《台湾与大陆常用汉字对照字典》，和曹先擢先生合作编写出版了《汉字形义分析字典》和《新华多功能字典》。《汉字形义分析字典》通过字形分析，说明字的本义和主要引申义、假借义的发展，落实到现代汉字的应用。《新华多功能字典》是中型的汉字字典，收单字14245个（不包括繁体字和异体字），注明每个字的规范写法、读音和意义。该字典设有规范提示、知识窗等栏目，介绍有关该字的文化知识。

五、传统汉字研究

近几年来，我从现代汉字的研究向上扩展，研究的重点转向传统汉字学，在这方面开始写一些带有研究性和普及性的文章。在我有生之年，愿意为汉字研究贡献绵薄之力。

（《文化学刊》，2016年第7期）

附录

苏培成专著目录

1.《怎样使用标点符号》，北京人民出版社1974年1月初版，北京出版社1980年2月修订版，北京出版社2017年8月增订本。

2.《标点符号的应用》，中国物资出版社，1986年6月。

3.《现代汉语语法基本知识》，北京教育出版社，1986年9月。

4.《文字工作者实用语文手册》，与费锦昌合著，中国国际广播出版社，1988年12月。

5.《汉字简化字与繁体字对照字典》，中信出版社1992年6月版，新加坡智力出版社1994年版，香港海峰出版社、中信出版社1994版，台湾珠海出版有限公司1994年10月版。修订后改名为《繁简字对照字典》，语文出版社2007年7月出版。

6.《标点符号实用手册》，社会科学出版社1994年4月初版，语文出版社1999年修订本，外语教学与研究出版社2010年3月增订本。

7.《现代汉字学纲要》，北京大学出版社1994年10月初版，2001年12月增订本；韩国学古房2007年2月韩文版（李圭甲译）；商务印书馆2014年6月第3版。

8.《汉字形义分析字典》，与曹先擢共同主编，北京大学出版社

1999年1月初版。修订后改名为《汉字源流精解字典》,人民教育出版社2015年12月出版。

9.《错别字辨析字典》,苏培成主编,中信出版社,2000年1月。

10.《一门新学科:现代汉字学》(语文小丛书),语文出版社,2000年7月。

11.《二十世纪的现代汉字研究》,书海出版社,2001年8月。

12.《关注社会语文生活》,上海辞书出版社,2003年2月。

13.《语言文字应用探索》,商务印书馆,2004年10月。

14.《现代汉语辨析字典》,苏培成主编,上海辞书出版社,2005年1月。

15.《新华多功能字典》,与曹先擢共同主编,商务印书馆,2005年12月。

16.《中国语文现代化的回顾与展望》(语文小丛书),语文出版社,2007年3月。

17.《语言文字应用丛稿》,语文出版社,2010年6月。

18.《台湾与大陆常用汉字对照字典》,商务印书馆,2010年12月。

19.《当代中国的语文改革和语文规范》,苏培成主编,商务印书馆,2010年12月。

20.《语言文字应用论集》,人民教育出版社,2015年5月。

21.《语文书简——周有光与苏培成通信集》,苏培成编,浙江大学出版社,2016年6月。

22.《新华大字典》,与张联荣共同主编,商务印书馆,2017年5月。

苏培成编选论文集目录

1.《语言病例分析》,苏培成主编,南开大学出版社,1985 年 12 月。

2.《科学地评价汉语汉字》,与尹斌庸合作,华语教学出版社,1994 年。

3.《现代汉字规范化问题》,与尹斌庸合作,语文出版社 1995 年 4 月初版,1999 年 12 月日本大修馆书店出版日译本(阿辻哲次等译)。

4.《语文现代化论丛》第二辑,语文出版社,1996 年 9 月。

5.《语文现代化论丛》第四辑,北京大学出版社,2000 年 6 月。

6.《现代汉字学参考资料》,北京大学出版社,2001 年 12 月。

7.《周有光语文论集》(1—4 卷),上海文化出版社,2002 年 1 月。

8.《语文现代化论文集》,与颜逸明、尹斌庸合编,商务印书馆,2002 年 10 月。

9.《语文现代化论丛》第五辑,语文出版社,2003 年 10 月。

10.《信息网络时代的汉语拼音》,语文出版社,2003 年 10 月。

11.《语文现代化和汉语拼音方案》,与陆俭明合编,语文出版社,2004 年 2 月。

12.《周有光语言学论文集》,商务印书馆,2004 年 12 月。

13.《报刊逻辑与语言病例评析 1100 例》,首都师范大学出版社,2010 年 12 月。